LLYFR Y TRI ADERYN

David Jones: torlun pren rhif 9, ar gyfer *The Chester Plays of the Deluge*
(*Gyda chaniatâd caredig Oriel Glynn Vivian, Abertawe*)

Llyfr y Tri Aderyn

Morgan Llwyd

Golygwyd gan

M. WYNN THOMAS

*Cyhoeddwyd ar ran
Bwrdd Gwybodau Celtaidd
Prifysgol Cymru*

**CAERDYDD
GWASG PRIFYSGOL CYMRU
1988**

ⓗ Prifysgol Cymru © 1988

Manylion Catalogio Cyhoeddi (CIP) y Llyfrgell Brydeinig

Llwyd, Morgan *1619-1659*

Llyfr y Tri Aderyn.
1. Beibl. Astudiaethau Beirniadol - testunau Cymraeg
1. Teitl II. Thomas, M. Wynn
891.6'68208

ISBN 0-7083-1001-X

Cyfieithwyd y Manylion Catalogio Cyhoeddi gan y Cyhoeddwyr

Cedwir pob hawl. Ni cheir atgynhyrchu unrhyw ran o'r cyhoeddiad hwn na'i gadw mewn cyfundrefn adferadwy na'i drosglwyddo mewn unrhyw ddull na thrwy unrhyw gyfrwng electronig, mecanyddol, ffoto-gopïo, recordio, nac fel arall, heb ganiatâd ymlaen llaw gan Wasg Prifysgol Cymru, 6 Stryd Gwennyth, Caerdydd CF2 4YD.

Cysodwyd gan Annwn
Argraffwyd yng ngwledydd Prydain gan J. W. Arrowsmith, Cyf., Bryste.

I
BRINLEY REES

RHAGAIR

Y BWRIAD, wrth baratoi'r argraffiad newydd, diwygiedig hwn o *Llyfr y Tri Aderyn*, oedd cael gwared ar wedd hynafiaethol yr argraffiad gwreiddiol, gan obeithio y byddai'r llyfr wedyn yn fwy deniadol ac yn haws i'r darllenydd modern ei ddarllen. Eithr yr un pryd ceisiwyd gofalu na fyddai diweddaru orgraff y testun yn amharu ar rythm y rhyddiaith nac yn ymyrryd â chynghanedd y geiriau; a theimlwyd hefyd y dylid gwneud ymdrech arbennig i gadw naws cyfnod a chynefin arddull unigryw Morgan Llwyd. Felly nid aethpwyd i'r eithaf a rhoi i bob gair (yn ddieithriad) y ffurf sy'n safonol gennym yn awr.

M. WYNN THOMAS
Abertawe, 1988

CYNNWYS

Tud.

RHAGAIR	vii
TABL DYDDIADAU	x
RHAGYMADRODD	xi
TESTUN	1
ATODIAD	111

TABL DYDDIADAU

1619   Ganed Morgan Llwyd yn amaethdy Cynfal, Sir Feirionnydd. Ar ôl iddo dyfu'n fachgen, symudodd ef a'i fam i Wrecsam, lle yr aeth i'r ysgol ramadeg.

1635   Cafodd dröedigaeth, ar ôl clywed Walter Cradock yn pregethu.

1641   Ymunodd â'r eglwys anghydffurfiol yn Llanfaches, Sir Fynwy, a phriododd Ann Herbert. Ond cyn cyrraedd y sir honno mae'n debyg iddo dreulio peth amser dan adain yr Harleyaid, Brampton Bryan, Sir Amwythig — teulu o uchelwyr a noddai Biwritaniaid y Gororau.

1642   Cychwynnodd y Rhyfel Cartref, a bu raid iddo ffoi i Fryste ac yna i Lundain. Yn y man dechreuodd ar ei grwydriadau gyda'r fyddin ar hyd ac ar led y wlad.

1647   Dychwelodd i Gymru, gan ymgartrefu o'r newydd yn Wrecsam.

1650   Pasiwyd Deddf Taenu'r Efengyl yng Nghymru gan y Senedd. Cafodd Llwyd ei ddewis yn 'Gymeradwywr'.

1653   Cyhoeddwyd *Llythyr i'r Cymry Cariadus, Gwaedd yng Nghymru* (1653?) a *Llyfr y Tri Aderyn*.

1655   Cyhoeddwyd tri llyfr ganddo yn yr iaith Saesneg: *Lazarus and his Sisters, An Honest Discourse between Three Neighbours* a *Where is Christ?*

1656   Cyhoeddwyd *Gair o'r Gair*.

1657   Cyhoeddwyd *Gwyddor Uchod, Cyfarwyddyd i'r Cymry* a dau gyfieithiad o weithiau Boehme: *Y Disgybl a'i Athro* ac *Yr Ymroddiad*.

1659   Bu farw yn Wrecsam.

RHAGYMADRODD

I

'Mae'r bobl (ar a wela' i)', meddai'r Gigfran yn y llyfr hwn, 'mewn odyn galch, neu fel plant yn gwneuthur tai bach ym min afon, a'r llifeiriant yn ddisymwth yn codi, ac yn ysgubo'r cwbl. Mae rhyw nerth ym mysg dynion yr awron nad oedd o'r blaen.' Llyfr yw *Llyfr y Tri Aderyn* sy'n darogan diwedd y byd chwipyn, ac yn gwneud hynny ar sail y chwyldro gwleidyddol, y dygyfor cymdeithasol a'r cyffro ym myd crefydd y bu Morgan Llwyd ei hun yn dyst iddynt. Nid gwaith gŵr cymedrol mohono, ond cynnyrch apocalyptaidd un a ysgytwyd gan aruthreddau ei gyfnod.

'A geir heddwch drwy'r byd?' gofynna'r Eryr wedyn yn hiraethus, 'a goleuni yn lle'r tymhestloedd a'r tywyllwch gwyntog yma?' Does dim rhyfedd iddo holi. Newydd orffen yr oedd y rhyfela crefyddol ar y Cyfandir, a hynny ar ôl deg ar hugain o flynyddoedd chwerw, didostur. Ac wrth gwrs prin flwyddyn cyn i'r *Llyfr* ymddangos y cafwyd terfyn ar y Rhyfel Cartref a oedd wedi dal Cymru, Lloegr, a'r Alban yn ei afael am ddegawd cyfan. Gellir rhannu hanes y rhyfel hwnnw'n dri chyfnod. Daeth y cyfnod cyntaf i ben yn 1646, ar ôl i luoedd y brenin, sef gwarchodlu Eglwys Loegr, gael eu gorchfygu gan fyddinoedd Piwritanaidd y Senedd; ond llwyddodd Siarl I i ddianc ac i arwain ail gyrch, gyda chefnogaeth yr Albanwyr y tro hwn, nes iddo gael ei ddal yr eildro a'i ddienyddio yn 1649: hyd yn oed ar ôl hynny ceisiodd ei fab, eto a Phresbyteriaid yr Alban yn gefn iddo, adennill teyrnas ei dad, ond fe'i trechwyd yn 1652.

Bu Morgan Llwyd ei hun yn tramwyo'r gwledydd yng nghwmni lluoedd arfog y Senedd yn ystod y cyntaf a'r olaf o'r cyfnodau hyn. Nid milwr ydoedd ond gweinidog yn gwasanaethu fel caplan answyddogol. Eithr craffer ar un peth yn arbennig: bu'r ymgyrchoedd yr oedd yn gysylltiedig â hwy yn ysgubol o lwyddiannus, a thrwy hynny, fe gadarnhawyd ei gred fod y *New Model Army* yn gyfrwng a ddefnyddid gan yr Hollalluog i hyrwyddo'r ffordd ar gyfer ailddyfodiad Crist. 'Ni a weddïasom ar i ni y colomennod gael y llaw uchaf yn y rhyfel, ac am lawer peth arall, ac fe a'u rhoddwyd i ni,' medd y Golomen yn orfoleddus.

Ond nid ar gwrs hanes y dibynnai ffydd esgatolegol Morgan Llwyd yn bennaf. Yn hytrach fe'i gwreiddiwyd yn yr astudiaethau dysgedig niferus a ymddangosasai yn ei gyfnod ef, ac a oedd yn ymdrin yn fanwl-ofalus â'r hyn oedd gan yr Ysgrythur i'w ddweud am arwyddion Diwedd y Byd. Credai'r ysgolheigion ei bod hi'n bosibl bwrw cyfrif go gywir ynghylch y dyddiad y byddai Crist yn dychwelyd yn ei fawredd. Fel y dengys y *Llyfr*, tueddai Morgan Llwyd at y farn mai yn 1656 y digwyddai hynny, oherwydd mai dyna nifer y blynyddoedd rhwng y Cread a'r Dilyw. Yr oedd y gwŷr doethion yn hyderus y gallent hefyd, ar ôl rhoi sylw deallus i'r Beibl, ragfynegi, yn fras, beth a fyddai'n digwydd wrth i'r Cread gael ei ddirwyn i ben, ac wedyn. Wele'r Golomen hithau'n ceisio hyfforddi'r Eryr dryslyd drwy gynnig iddo esboniad ar y gwirioneddau cyfrin a amlygid yn amseroedd enbyd y dyddiau diwethaf.

Mae'n hysbys mai gan y Golomen yn unig y mae'r gallu i ganfod, ac i ddehongli, yr arwyddion sy'n brigo i'r wyneb yn ystod 'y prynhawn, yn yr hwyr' — sef cyfnos diwedd y byd. Eithr nid ei heiddo ei hun yw'r ddawn hon: wedi ei derbyn gan Dduw y mae, yn unol â phroffwydoliaeth Ioan yn Llyfr y Datguddiad:

> A mi a welais angel arall yn ehedeg ynghanol y nef, a'r efengyl dragwyddol ganddo, i efengylu i'r rhai sydd yn trigo ar y ddaear, ac i bob cenedl, a llwyth, ac iaith, a phobl. Gan ddywedyd â llef uchel, Ofnwch Dduw, a rhoddwch iddo ogoniant; oblegid daeth awr ei farn ef: ac addolwch yr hwn a wnaeth y nef, a'r ddaear, a'r môr, a'r ffynhonnau dyfroedd.
>
> (14: 6,7).

Fel y byddai dyn yn ei ddisgwyl, y mae dylanwad Llyfr y Datguddiad yn drwm ar esgatoleg *Llyfr y Tri Aderyn*, ac eto nid yw cyn drymed, efallai, â dylanwad nifer o rannau eraill o'r Beibl. Hyd nes i Sant Awstin fynnu mai dameg am berthynas Crist a'i eglwys oedd athrawiaeth y mil blynyddoedd, buasai'n gred gan yr eglwys fore fod y priodfab, chwedl Mathew, wrth y drws. Gadawsai'r ddysgeidiaeth hon ei hôl ar yr Efengylwyr ac ar yr Apostolion, ac felly fe fedrai Morgan Llwyd a'i gyfoeswyr ddod o hyd i ddigon o adnodau yn y Testament Newydd a atebai eu dibenion. At hynny ychwaneger darnau o'r Hen Destament — yn enwedig o lyfrau Eseia, Sechereia, a Daniel — a dyna gynsail ysgrythurol gadarn i'r milflwyddianiaeth a oedd yn rhemp ar y pryd, yn enwedig ymhlith y gwŷr hynny a oedd yn aelodau o sect hynod ddylanwadol yr Annibynwyr.

Yn wir yr oedd yr Annibynwyr, dros y blynyddoedd, wedi llunio'u cyfundrefn eglwysig o dan ddylanwad yr argyhoeddiad ecstatig fod yr Ysbryd Glân ar gerdded, a'i fod yn prysur ddarparu ar gyfer ailddyfodiad Crist. Rhaid felly oedd ymryddhau oddi wrth hualau'r hen arferion eglwysig traddodiadol, ymroi yn ebrwydd i ddilyn arweiniad yr Ysbryd, a gochel ei gyfyngu o'r newydd y tu mewn i gyfundrefnau caeth. Yn sicrwydd y ffydd yma, eu bod yn cael eu cyfarwyddo'n gynyddol gan yr Ysbryd, yr oeddynt wedi mabwysiadu patrwm eglwysig cymharol hyblyg a datganoledig. Yr oedd y cynulleidfaoedd unigol yn annibynnol ar ei gilydd, a hynny i'r fath raddau nes i'r Presbyteriaid — y brif garfan arall ym mhlith y Piwritaniaid — amau fod y drefn hon yn rhwym o arwain at anarchiaeth yn y pen draw. Cyfundrefn ddisgybledig yr oedd y Presbyteriaid yn ei chwenychu. Roeddynt yn dyheu am weld sefydlu un eglwys wladol, a honno'n awdurdodi dros bawb. Wyneb yn wyneb â'r bygythiad hwn, datblygasai'r Annibynwyr ddelfryd o oddefgarwch crefyddol a ddaethai wedyn yn un o'u prif nodweddion.

Annibynnwr oedd Morgan Llwyd ei hun. 'Rhaid i bob aderyn arfer ei lais,' medd yr Eryr — er iddo, maes o law, ddatgelu breuder a chulni'r amgyffrediad sydd ganddo ef o oddefgarwch, wrth ddadlau fod llawer o'r syniadau a goleddid gan ffyddloniaid Eglwys Loegr yn rhy lloerig i'w caniatáu. Erbyn 1653 'roedd yr Annibynwyr wedi gweld tro mawr ar fyd, ac arweiniasai hwnnw at y grym llywodraethol a oedd bellach yn weddol sicr yn eu gafael. Yn wir, bu eu hachos yn gyson ar i fyny byth er ad-drefnu Byddin y Senedd yn 1645. Toc wedi hynny cawsant oruchafiaeth ar y Brenin, ac ar yr Eglwys yr oedd ef yn ben arni. Yna llwyddasant i ddisodli'r Presbyteriaid a chipio awenau'r llywodraeth bron yn gyfan gwbl i'w dwylo'u hunain. Nid oes dim syndod, felly, iddynt gredu fod Duw o'u plaid, a bod y rhagbaratoadau ar gyfer Diwedd y Byd yn ddiogel yn nwylo'r 'saint', sef aelodau'r eglwysi ymneilltuol, Annibynnol.

Ond camsyniad fyddai credu mai un blaid unedig, gadarn, oeddynt. Nid dosbarth taclus o addolwyr mohonynt, ond casgliad o grwpiau, mawr a mân, a'r rheini'n rhanedig yn yr hyn a gredent. Mudiad go lydan oedd mudiad yr Annibynwyr, ac fe berthynai Morgan Llwyd i asgell chwith, lled radicalaidd, yr achos crefyddol hwn. Erbyn diwedd 1652 yr oedd y garfan hon wedi codi cymaint o fraw ar brif arweinwyr y mudiad nes peri i'r rheini weld angen cymedroli eu hathrawiaeth parthed y mil blynyddoedd. Disgwyliad eithaf anwleidyddol oedd gan Forgan Llwyd ei hun, oherwydd, fel y dengys *Llyfr y Tri Aderyn*, disgwyl chwyldro a wnâi ef ar y cyfan; ond yr oedd ar rai o'i gymdeithion ar yr asgell chwith flys gweld troi'r gyfundrefn gymdeithasol, yn ogystal â'r gyfundrefn eglwysig, wyneb i waered.

Nid oedd pawb o'r eithafwyr hyn yn Annibynwyr. Gwelid Bedyddwyr yn eu plith ac aelodau o sectau eraill hefyd, ac yr oedd dylanwad gwŷr y fyddin, yn filwyr cyffredin ac yn uchel swyddogion, yn drwm ar y cyfan. Gan eu bod yn hoff o gyfeirio at y broffwydoliaeth yn Llyfr Daniel sy'n sôn am y pedair brenhiniaeth a fydd yn rhagflaenu cyfnod teyrnas Duw ar y ddaear, fe elwid y criw cymysg hwn yn 'Wŷr y Bumed Frenhiniaeth'. 'Roedd gan y mudiad ddau gadarnle. Llundain oedd y cyntaf, oherwydd yr oedd y ddinas yn ferw o syniadau beiddgar; a Chymru oedd yr ail, gan fod yna dwr o bobl egnïol, grymus, wedi ymgasglu o gwmpas Thomas Harrison — y milwr, a'i ben yn llawn breuddwydion esgatolegol, a oedd bellach yn rheoli'r wlad. Yr oedd Morgan Llwyd ar gyrion y grŵp yma, ond er ei fod yn rhannu eu gweledigaeth eirias, yr oedd ef lawer yn addfwynach ei natur, yn fwy ysbrydol ei gymeriad, ac yn llai byrbwyll ei gerddediad na'r mwyafrif o'i gymdeithion.

Ar yr olwg gyntaf, casgliad o eithafwyr penchwiban oedd Gwŷr y Bumed Frenhiniaeth. Gwŷr yr ymylon oeddynt, ac yr oedd y mwyafrif o'u cyd-Biwritaniaid, heb sôn am ffyddloniaid ceidwadol Eglwys Loegr, yn amheus iawn o'u hamcanion. Ond cofier bod eu disgwyliad am y mil blynyddoedd yn gyson ag athrawiaeth ganolog enwad yr Annibynwyr. Ac at hyn ychwaneger y ffaith fod gan Cromwell ei hun gryn dipyn o gydymdeimlad â'u daliadau. Erbyn 1653 yr oedd Cromwell i bob pwrpas yn ben ar y deyrnas gyfan. Serch hynny y Senedd oedd piau'r awdurdod swyddogol o hyd, ac yr oedd elfennau ceidwadol ac adweithiol yn y Senedd honno. Gweddillion yr hen Senedd hir, a elwid yn 1642, oedd y cynulliad hwn — sef yr hyn a oedd yn weddill ar ôl i'r fyddin gael gwared yn gyntaf ar gefnogwyr y brenin, ac wedyn ar y Presbyteriaid a fuasai'n aelodau ohoni. Eithr ym mis Ebrill, 1653, fe wylltiwyd Cromwell gymaint gan y *Rump*, fel y'i gelwid, nes iddo'i throi o'r neilltu yn sydyn. Eisteddai Thomas Harrison yn ei ymyl wrth iddo wneud hynny, ac yn ystod y misoedd canlynol llwyddodd ef a'i ffrindiau i berswadio Cromwell mai dim ond aelodau o'r cynulleidfaoedd Annibynnol, ynghyd ag aelodau dethol o'r fyddin, a ddylai gael yr hawl i enwebu gwŷr i eistedd yn y Senedd newydd. Pan gyfarfu'r Senedd honno am y tro cyntaf ym mis Gorffennaf, 1653, fe'i croesawyd gan Cromwell ei hun. Manteisiodd ar y cyfle i fynegi, mewn araith deimladwy, ei ddyheadau milflwyddiannol yntau:

'Truly you are called by God to rule with him and for him . . . I confess I never looked to see such a day as this — it may be nor you neither — when Jesus Christ should be so owned as he is at this day and in this work . . . This may be the door to usher in the things that God has promised, which have been prophesied of, *which he has set the hearts of his people to wait for and expect . . . You are at the edge of the promises and prophecies.'*

'*At the edge of the promises and prophecies.*' Pe baem yn chwilio am un frawddeg gynnil i grynhoi holl naws *Llyfr y Tri Aderyn*, ni ellid gwell na geiriau cyffrous Oliver Cromwell. Ac nid rhyfedd hynny, oherwydd mae'n bur debyg mai un o brif amcanion Morgan Llwyd wrth ysgrifennu'r llyfr oedd palmantu'r ffordd ar gyfer cynulliad y Saint — neu Senedd Barebones, i roi iddo'i enw poblogaidd. Hwyrach iddo ysgrifennu'r llyfryn rywbryd rhwng adeg dymchwel y *Rump*, ym mis Ebrill, a chyfarfod cyntaf y Senedd newydd, yng Ngorffennaf, 1653. Dyma'r cyfnod pryd y gyrrwyd nifer o ddeisyfiadau at Cromwell gan yr eglwysi Annibynnol, yn erfyn arno i sefydlu senedd y saint. Yn wir, fe ddanfonwyd un llythyr hynod huawdl at Cromwell ar y testun hwn gan Morgan Llwyd ac aelodau'r eglwys yn Wrecsam — '*a voice out of the hearts of diverse that waite for the Lord Jesus in Denbighshire in North Wales.*'

Cydymaith y llythyr hwn, mewn ffordd, yw'r llyfr. Wrth iddo'i ysgrifennu, fe gofiai Morgan Llwyd am Cromwell ar y naill law ac am ei gyd-Gymry ar y llaw arall, fel y cawn weld. Ceisiai berswadio'r naill a'r llall i fabwysiadu ei safbwynt esgatolegol ef ei hun, ac i ystyried goblygiadau'r safbwynt hwnnw. Ac o edrych arno fel hyn, gellid dadlau mai enghraifft wych o bropaganda yw *Llyfr y Tri Aderyn* — propaganda lle mae gwleidyddiaeth a chrefydd yn ymdoddi i'w gilydd. Efallai y dylid ei ailenwi yn Llyfr yr Aderyn, hynny yw Llyfr y Golomen, oherwydd yma y mae Morgan Llwyd yn dangos ei allu i ddyfeisio strategaeth, ac i saernïo dadleuon a delweddau, er mwyn hyrwyddo syniadau un blaid neu garfan arbennig. Ac mae'r gallu hwn yn rhan werthfawr, annatod, o'i ddawn fel llenor crefyddol.

II

' 'Rwy'n gobeithio, gan fod y frân wedi ein gadel, yr agori di i mi ddirgelwch dy deyrnas di,' medd yr Eryr wrth y Golomen. Mae'n amlwg fod yr Eryr wedi ei hudo, yn union fel y gobeithiai Morgan Llwyd y byddai'r darllenydd hefyd yn cael ei fachu, gan y termau anghyfarwydd a'r sumbolau cyfrin sy'n britho'r llyfr. Rhaid i'r darllenydd bydol, medd Llwyd, ddiosg ei ddeallusrwydd arferol, a bodloni i ddysgu ei ABC o'r newydd — sef y wyddor ysbrydol y mae'r rhai a ailaned yn yr Ysbryd, a hwy'n unig, yn medru ei deall — cyn y gall amgyffred y llyfr yn llawn, a'i archwilio i'w berfeddion.

Serch hynny, mae nifer o ganllawiau syml a all fod o gymorth i'r darllenydd modern yn syth ar y cychwyn. Er enghraifft, mae'n werth craffu ar ffurf y llyfr; sef alegori'n seiliedig ar hanes Noa fel y'i ceir yn Llyfr Genesis. Byth er cyfnod yr Efengylwyr a'r Apostolion, buasai'n gred gan yr Eglwys Gristnogol fod arwyddocâd alegoriaidd i hanes Noa. Mae Mathew yr Efengylwr (24) a'r Apostol Pedr (2:3) ill dau'n cyfeirio at hyn. Cytunant fod yr hanes yn esboniad, ar ffurf dameg, ar y berthynas rhwng y byd cnawdol, pechadurus, a gondemniwyd i ddistryw gan Dduw, a'r Arch, a adeiladwyd gan Dduw yn unig swydd er mwyn achub dyn. Ond yn ystod teyrnasiad Eglwys Rufain, ac yn ystod teyrnasiad Eglwys Loegr, fe fynnai'r naill eglwys fel y llall mai trwyddi hi'n unig, a thrwy ordinhad bedydd eglwysig yn benodol, y gallai dynion ddyfod at Grist. Cyflawnodd Morgan Llwyd gamp bropaganda ddisglair iawn, felly, drwy gipio hanes Noa, a fuasai'n gonglfaen athrawiaeth ei brif wrthwynebydd, sef Eglwys Loegr, a'i gwneud yn sylfaen ei gredo ef ei hun. Nid yr Eglwys gyfundrefnol yw'r Arch, yn ôl y dehongliad herfeiddiol hwn a seiliwyd ar ddysgeidiaeth Paul, ond Iesu Grist ei hun. Nid y tu allan i ddynion y mae'r Arch: nid yw wedi ei chorffoli mewn adeilad, neu sefydliad, neu ordinhad eglwysig; eithr y tu mewn i ddyn y mae, yn yr ystafell ddirgel lle y gall pob unigolyn a fynn gymuno, ac ymuno, â Iesu Grist ei hun. Dysgeidiaeth oedd hon a bregethid yn gyson gan rai o aelodau mwyaf blaengar clymblaid yr Annibynwyr, a chan eraill a berthynai i fân sectau asgell chwith y mudiad Piwritanaidd. Ond yr oedd yn ddysgeidiaeth a achosai fraw i wŷr cymedrol, gwyliadwrus, ym mhob plaid, am fod yna beryglon moesol, crefyddol, a chymdeithasol enbyd ynghudd ynddi. Fe allai swcro gwyriadau mympwyol o bob math, ac yr oedd fel petai'n annog pobl i ddiystyru haenau'r gymdeithas, a hyd yn oed i ymwrthod â hwy'n gyfan gwbl a lefelu cymdeithas yn llwyr.

Ceir sôn yn Genesis am ddau fath o aderyn a yrrwyd allan o'r Arch gan Noa. 'Ac efe a anfonodd allan gigfran,' ond ni ddaeth honno yn ei hôl. Sumbol yw'r Gigfran yn *Llyfr y Tri Aderyn*, sumbol o'r 'Cristnogion' honedig hynny sydd wedi cefnu ar yr iachawdwriaeth a geir nid y tu mewn i sefydliad yr Eglwys ond yng nghwmni Crist Ei Hun. Nid oes neb ond preswylwyr yr Arch yn gadwedig rhag y Dilyw, felly trigo y tu allan, ymhlith y meirw, y mae'r Gigfran, gan fwyta'u cyrff hwy. Dyna gyfeiriad deifiol at offeiriaid yr Eglwys Anglicanaidd, a'u gynau cyn ddued â'r Gigfran, a oedd yn weision cyflog rheibus i'r wladwriaeth, gan eu bod yn derbyn y degwm am eu gwaith. (Ceisiai'r radicaliaid yn Senedd y Saint ddiddymu'r degwm, a chael gwared ar gyfundrefn yr eglwys wladol.) Er mwyn gwarchod eu hawlfraint broffidiol, mynnai'r offeiriaid mai dim ond y rhai breintiedig hynny a oedd wedi cael hyfforddiant Prifysgol a gâi fod yn arweinwyr ysbrydol cydnabyddedig. Eithr credai Morgan Llwyd mai'r Ysbryd Glân yn unig a wnâi ddyn yn alluog i gyhoeddi'r Efengyl, a bod yr Ysbryd yn symud lle y mynnai. Felly yr oedd gan unrhyw un, o ba gefndir bynnag y deuai — boed yn ŵr dysgedig, neu'n anllythrennog; yn grydd, neu'n dincer, neu'n uchelwr — yr hawl i bregethu'r gwirionedd. Mae'n siŵr nad oes angen dangos fod hon, yn ei chyfnod, yn ddamcaniaeth ac iddi oblygiadau cymdeithasol pur chwyldroadol. Yn wir, buan y troes y radicaliaid i ymosod yn chwyrn ar ddosbarthiadau breintiedig eraill y tu mewn i'w cymdeithas: 'Ond gwae chwi'r cyfreithwyr, mae cyfraith a'ch ysa: gwae'r cynhennus mewn gwlad, pentewynion uffern ydynt. Gwae chwi bysygwyr llofruddiog, mae llawer och wedi mynd i'r lan arall yn eich erbyn. Gwae chwi wŷr trawsion, yn llyncu cyfoeth, rhaid i chwi chwydu'r cwbl gyda'ch gwaed eich hunain. Gwae chi yr uchelwyr drwg eu siamplau, yn llusgo y tlodion ar eich ôl i ddistryw.'

Y Golomen oedd yr ail aderyn a ollyngwyd o'r Arch, ac fe ddaeth hi yn ei hôl â'r ddeilen olewydd werdd yn ei phig. Hi felly sy'n cynrychioli pawb a oedd wedi cefnu ar y byd a'r betws, ac a chwiliai am yr Iesu nes Ei gael, yn Arch ac yn ddihangfa, yng nghraidd eu bodolaeth. Am fod y radicaliaid yn credu fod yna briodas mor ddwys ac agos rhwng y Crist a'r unigolyn a oedd wedi llwyr ymroi iddo, mae'r Golomen, wrth i'r *Llyfr* fynd yn ei flaen, weithiau'n cynrychioli'r Ysbryd Glân; ond ar y cyfan hi sy'n cynrychioli'r gwir saint y mae'r Ysbryd yn trigo ynddynt. Yna, tua'r diwedd, clywir llais digamsyniol Morgan Llwyd yn llefaru drwy big yr aderyn air o'i brofiad personol ef ei hun.

Ond beth felly am yr Eryr? Oherwydd does dim sôn am hwnnw yn Llyfr Genesis. Brenin yr adar i gyd yw'r Eryr, ac felly ef sy'n cynrychioli'r gŵr mwyaf ei awdurdod yn y deyrnas, sef Oliver Cromwell. Wele ddyhead, neu ffantasi, y saint yn ei arddangos ei hun yn y fan hon. Eu gobaith oedd y byddent yn llwyddo i ddylanwadu ar Cromwell, nes cael ganddo'r hawl i lywio llywodraeth y wlad. Cyfeirir yn y llyfr at nifer o esiamplau Ysgrythurol o lywodraethwyr nerthol yn derbyn cyfarwyddyd gan wŷr distadl. Un enghraifft ddefnyddiol dros ben yw honno yn Llyfr Daniel. Ar ôl i'r dewiniaid, yr astronomyddion a'r hudolion i gyd fethu'n lân ag esbonio'r freuddwyd a achosai benbleth i'r brenin Nebuchodonosor, dyma'r llanc ieuanc Daniel yn cynnig ei dehongli iddo, 'nid oherwydd y doethineb sydd ynof yn fwy nag neb byw', ond 'am fod Duw yn y nefoedd yn datguddio dirgeledigaethau' (2). Llyfr Daniel, wrth gwrs, oedd un o hoff lyfrau Gwŷr y Bumed Frenhiniaeth.

Mae *Llyfr y Tri Aderyn* yn ymrannu'n ddwy ran anghyfartal. Mae yna dri aderyn yn ymddiddan yn y rhan gyntaf, a dau yn yr ail ran, a'r pwyslais i gychwyn ar bynciau llosg y dydd, ac wedyn ar ddyrys bynciau diwinyddol yn ymwneud â chyfrinach yr Arch. Felly mae swyddogaeth yr Eryr yn newid ar ôl i'r Gigfran ymadael. Wedi hynny nid ydym mor ymwybodol o'i awdurdod gwleidyddol; yn hytrach fe dry yn holwr diffuant, megis un sydd yn chwilio am y gwirionedd. Eithr yn y rhan gyntaf ef sydd yn cadw'r Gigfran yn ei lle.

Aderyn cyfrwys, diegwyddor, digywilydd, maleisus, yw'r Gigfran. Yn wenieithus ar brydiau, bryd arall mae'n haerllug, ac fe ymddengys ei chreulondeb cynhenid yn ei llais cras. Wrth ei phortreadu fel hyn, llwydda Morgan Llwyd i fagu rhagfarn ynom yn erbyn popeth sydd ganddi i'w ddweud — yn y llyfr hwn hi, wedi'r cyfan, yw lladmerydd Eglwys Loegr, ac asgell dde mudiad y Piwritaniaid yn ogystal, ac felly hi yw prif wrthwynebydd Morgan Llwyd a'i achos. Er iddi ddadlau fod y radicaliaid yn 'ymlusgo i deiau, ac yn gwneuthur drygioni gyda'i gilydd', fe'n darbwyllwyd eisoes mai o du'r pleidiau ceidwadol y daw'r gwir fygythiad i awdurdod Cromwell. Fe wyddai Morgan Llwyd yn iawn sut i feithrin ofnau parthed gwrth-chwyldro. Ac er i'r Gigfran druan leisio'r holl gwynion a'r cyhuddiadau a wneid yn gyffredin gan yr Eglwyswyr yn erbyn y radicaliaid — eu bod, er enghraifft, yn ddi-ddysg, yn rhagrithiol, yn anwybyddu awdurdod dwyfol y Beibl, a'u bod heb barch at na thraddodiad na threfn — mae ei hansadrwydd barn hi ei hunan yn tanseilio pob gair o'i heiddo. Yn wir, ni ŵyr hi sut yn y byd i gynnal dadl ddiwinyddol graff. Nid yw'n deall y gwahaniaeth rhwng y greddfau a'r cyneddfau dynol sy'n perthyn i fyd natur, byd y Cwymp, a'r doniau hynny sy'n deillio o fyd gwahanredol yr Ysbryd. Am hynny carbwl a chyfeiliornus yw ei dadleuon o blaid y syniad fod ewyllys dyn yn gaeth i'w natur.

Yr Eryr sydd yn dal pen rheswm â'r Gigfran gan mwyaf, a'r Golomen yn weddol dawedog. Mae'r trefniant hwn, eto, yn ddyfais bropaganda eithriadol effeithiol, oherwydd y mae'n magu chwilfrydedd ynom am yr hyn y mae hi'n ei gredu. Ni fyn hithau fynd i waelod ei phac o gyfrinachau ysbrydol, nac arddangos ei doniau fel dehonglwraig yr arwyddion, hyd nes bod y Gigfran wedi hedfan i ffwrdd. Yna fe welir ei bod yn hyddysg — er nad yw'n cyfaddef hynny — yn yr hyn yr arferid ei alw yn 'deipoleg'.

'Teipoleg' yw'r term a roddid ers talwm ar un agwedd

ar y ffydd y bu'r eglwys yn ei harddel o gyfnod yr Efengylwyr hyd at oes Morgan Llwyd, a wedi hynny. Credid bod rhagluniaeth Duw, a reolai gwrs amser, wedi trefnu bod digwyddiadau go arbennig y ceir yr hanes amdanynt yn yr Hen Destament, yn rhagarwyddo amgylchiadau yn y Testament Newydd — fel petai dynion yn cael cip ar gysgod y gwirionedd, cyn i'r sylwedd ei hun ymddangos ger eu bron. Aethai'n arferiad meddwl yn nhermau'r patrwm dwbl hwn: Adda/ yr Ail Adda; Abraham ac Isaac/ Duw a'i annwyl Fab; y Deml yng Nghaersalem/ Teml corff yr Iesu; Paradwys/ y baradwys ysbrydol; yr hen gyfamod/ y cyfamod newydd; Arch Noa/ Iesu Grist y Gwaredwr. Ond oherwydd bod deimenswn esgatolegol yn ogystal i gred yr eglwys, fe âi hi gam ymhellach wedyn, a choelio bod rhagfynegiant, yn y patrymu yma, o'r hyn a fyddai'n digwydd ar ddiwedd y byd. Felly hithau'r Golomen. Y mae hi'n credu bod dirgelwch yr Ymgnawdoliad, a dirgelion y pethau diwethaf, i gyd i'w canfod yn eigion cyfrin yr hanes gwreiddiol am Noa a'i Arch.

'Eithr yr ydym ni yn llefaru doethineb Duw mewn dirgelwch, sef y ddoethineb guddiedig,' medd yr Apostol Paul (1 Cor.2:7); ac ar un olwg, o leiaf, nid oes yna fawr yn nysgeidiaeth ddiwinyddol *Llyfr y Tri Aderyn* nad yw ar gael yn Epistolau Paul. Ni cheir nemor gyfeiriad yn y llyfr at hanes bywyd yr Iesu, fel y'i cofnodir gan yr Efengylwyr, eithr y mae un allan o bob tri o'r cyfeiriadau beiblaidd sydd ar ymyl y ddalen yn ein harwain yn syth at Paul. Eiddo Paul, mewn un ystyr, yw cyfrinach yr Arch — hynny yw, gan Paul y cafodd Morgan Llwyd ei arwain at yr esboniad terfynol ar brofiad mawr, cyfriniol, ei fywyd: 'Oni wyddoch chwi fod eich corff yn deml i'r Yspryd Glân sydd ynoch, yr hwn yr ydych yn ei gael gan Dduw ac nad ydych yn eiddoch eich hunain?' (1 Cor.6:19). Er i eglwyswyr cymedrol y cyfnod deimlo anesmwythyd dybryd wrth glywed y radicaliaid yn honni 'yn hyf fod y Drindod yn aros ac yn cartrefu yn sylweddol ym mhob dyn da', gwyddai Morgan Llwyd fod Paul yn sôn am y 'rhai yr ewyllysiodd Duw hysbysu [iddynt] beth yw golud gogoniant y dirgelwch hwn ym mhlith y Cenhedloedd, yr hwn yw Crist ynoch chi, gobaith y gogoniant' (Col.1:27).

Eithr hyd oni ffurfier Crist ynddo, rhaid i'r gwir Gristion, drwy ras Duw, farwhau gweithredoedd y corff, neu'r hunan naturiol, cnawdol. Dyna ran o ddysgeidiaeth Paul eto, ac ni feiddiai Calfiniaid uniongred y cyfnod ei gwrthod hi'n llwyr. Ond yr oeddynt yn ddrwgdybus iawn o'r honiad peryglus pellach a wneid gan radicaliaid fel Morgan Llwyd, eto yn bennaf ar sail epistolau Paul, sef nad oedd gan bechod afael ar y saint, ond 'fel y mae'r afiechyd yn yr iachaf . . . neu wynt yn y cylla'. Nid oedd yr athrawiaeth hon o reidrwydd yn anuniongred, eithr o safbwynt Calfinydd uniongred yr oedd hi wedi ei mynegi yn ddiofal. Yr oedd y gosodiad yn un amwys, a gallai fod yn gamarweiniol. Yn wir, gellir dweud fod nifer o ddaliadau diwinyddol Morgan Llwyd, o edrych arnynt o safbwynt y ffyddloniaid Calfinaidd mwyaf cyndyn uniongred, ar y ffin rhwng y derbyniol a'r annerbyniol. Ac eto, wrth i ni ystyried ei waith o safbwyntiau gwahanol heddiw, hwyrach mai dyma'r union agwedd sydd yn tynnu'n sylw ac yn ein swyno. Mae'r hyn a gyfrifid gan rai yn ei oes ef yn wendid ynddo yn ymddangos bellach i rai ohonom fel enghraifft hudolus o'r meddwl anturiaethus a'i nodweddai.

Fe allai, er hynny, mai petruster oedd yn cyfrif am ansadrwydd ei farn ar destunau a ystyrid yn hanfodion cred gan Galfiniaid culaf yr adeg honno. 'Ond a fwriadodd [Crist] wrth farw gadw pawb?' hola'r Eryr. Mae ateb y Golomen yn osgoad celfydd, fel ag y mae bob tro y bydd pwnc etholedigaeth yn brigo i'r wyneb. 'A'r rhai a ragluniodd efe, y rhai hynny hefyd a alwodd efe,' medd Paul yn ddiamwys (Rhuf.8:9), eithr osgoi cyfeirio'n syth at adnodau fel hyn a wnâi Morgan Llwyd. Ac fe ymglymai ei ansicrwydd meddwl a'i chwilfrydedd yn un, wedyn, i'w wthio i gyfeiriad dyfalwyr mentrus eraill, megis Boehme, a drigai ar y ffin. Buan y daeth Boehme yn gydymaith enaid iddo.

Almaenwr ydoedd Boehme a fu farw yn 1625, ar ôl cyhoeddi crug o lyfrau defosiynol, rhai ohonynt yn llyfrau lled anghonfensiynol. Erbyn 1653 yr oedd dros ddwsin o'i weithiau wedi ymddangos yn y Saesneg, a chawsant dderbyniad da gan y Piwritaniaid yn gyffredinol, a chan radicaliaid fel Llwyd yn arbennig. Trwy leihau'r pwyslais ar allanolion cred, a chanolbwyntio ar chwyldroi bywyd mewnol yr unigolyn, ceisiai Boehme osgoi'r materion dadleuol a aethai'n asgwrn y gynnen rhwng y sectau. Trechu'r Hunan balch a reolai holl gwrs ei fywyd, ac ymroi, neu ymsuddo, i'r bywyd newydd a darddai y tu mewn iddo, wrth i Grist ymffurfio ynddo — dyna holl ddyletswydd dyn, yn ôl ei ddysgeidiaeth led-gyfriniol ef. 'Roedd hon yn gredo a gydymweddai i'r dim ag argyhoeddiadau dyfnaf Morgan Llwyd, ac fe ymserchodd yntau i'r fath raddau yn yr iaith sumbolaidd, awgrymog, a ddefnyddid gan Boehme, nes iddo gael ei ysgogi, maes o law, i gyfieithu dau o lyfrynnau'r Almaenwr o'r Saesneg i'r Gymraeg.

Ond hyd yn oed cyn i Morgan Llwyd wneud hynny, yr oedd dylanwad Boehme eisoes i'w weld ar ei waith. Yn achos *Llyfr y Tri Aderyn* mae'n bur debyg mai wrth iddo ddarllen *Mercurius Teutonicus*, detholiad o ddarnau wedi eu codi o amrywiol weithiau Boehme, yr arweiniwyd Llwyd yn ôl at draddodiad y Testament Newydd o alegoreiddio'r Arch, y Gigfran a'r Golomen; oherwydd y mae Boehme yn cynnig esboniadau manwl ar hanes Noa, dehongliadau sydd dro ar ôl tro yn cytuno â'r hyn a ddywedir yn y *Llyfr*. Boehme hefyd a fu'n gyfrifol am dywys Morgan Llwyd i ddirgelwch y syniadau astrus am y Drindod a fynegir, o bryd i'w gilydd, yng ngwaith y Cymro. Mae'r Almaenwr yn sôn am y llonyddwch perffaith a nodweddai'r Duwdod cyn bod dim, a'r modd y bu i hwnnw ymgynhyrfu, ac ymrannu, yn ystod y weithred rymus o esgor ar y greadigaeth. Digwyddasai'r creu hwn wrth i Ewyllys tanllyd y Tad geisio, a chael, mynegiant perffaith mewn Gair gloyw a ymddangosasai wedyn ar ei union mewn gweithred drwy nerth yr Ysbryd. O fewn y cyd-destun Trindodol hwn, felly, egni cynhyrfus ewyllys y Tad oedd ffynhonnell y Cread gwreiddiol, difrycheulyd. Ond yr hyn a ddigwyddodd yn y Cwymp oedd bod Adda wedi ymwrthod â chyfanrwydd Trindodol yr ysbryd oedd ynddo, ac wedi ewyllysio gafaelyd yn syth yng ngwaelodion bywyd, er mwyn eu defnyddio i'w ddibenion hunanol ef ei hun. Lle yr arferai'r ewyllys gynt fod yn gyfran annatod o gyflwr ysbrydol cyflawn, yr oedd yn awr wedi ei wyro a'i wahanu. Ac ar ei wedd newydd, anghyflawn, fe droes yn nerthyriad cynddeiriog a hysai'r dyn naturiol ymlaen yn aflonydd barhaus. Ond byth er i'r Gair wisgo cnawd, er mwyn gorchfygu'r cnawd hwnnw, ac i'r Crist croeshoeliedig wedyn atgyfodi o'r meirw, yr oedd bellach fodd, drwy ras, i ddyn ymlonyddu ac ymryddhau. Oherwydd, fe fedrai Crist, a Christ yn unig, wrth iddo drigo y tu mewn i ddyn, adfer yr ewyllys i'w briod le, ac atgyfannu'r bywyd ysbrydol. Oni ddigwyddai hynny, fe ddeuai'r dyn colledig wyneb yn wyneb, yn y byd nesaf, ag ewyllys ddicllon, danllyd, y Tad, wedi ei wahanu oddi wrth gytgord y Drindod, ac fe fyddai'r digofaint hwnnw'n gosbedigaeth iddo yn dragywydd.

Er y gall syniadau o'r fath ymddangos bellach yn rhai hynafiaethol, amherthnasol, mae'n werth sylweddoli bod Freud a Jung ill dau wedi dod o hyd i fodel awgrymog iawn o gystrawiaeth y psyche yn yr agweddau yma ar ddysgeidiaeth Boehme. Yr oedd Morgan Llwyd ei hun yn seicolegydd crefyddol craff odiaeth, ac efallai iddo yntau, hefyd, gael ei swyno gan esboniad mentrus Boehme ar amwysedd yr egni aruthr a oedd wrth wraidd bywyd pob bod dynol. Beth bynnag am hynny, mae'r archwiliad a wneir yn *Llyfr y Tri Aderyn* i dyndra meddwl cythryblus dyn yn agwedd nodedig iawn ar y gwaith. Y ddrama fewnol helaeth hon, lle y mae nef ac uffern megis yn ymgiprys am enaid dyn, sydd ar ganol y llwyfan yn wastadol, ac mae'r awdur fel petai'n cynhyrchu ac yn cyfarwyddo'r ddrama, er mwyn cynhyrfu'r darllenydd i'w waelodion, a'i osod wyneb yn wyneb â'r dewis tyngedfennol sydd ganddo. 'Roedd gan Morgan Llwyd ddawn ddigamsyniol i saernïo iaith sumbolaidd gyfoethog a weddai i faintioli'r testun, fel y gwelir dro ar ôl tro yn y llyfr hwn wrth iddo gyflwyno 'y byd mawr helaeth yn y galon': 'mae taranau ysbrydol, mae daear-grynfâu ysbrydol, mae lleisiau ysbrydol, mae cenllysg ysbrydol.

Mae mellt ysbrydol, mae dreigiau ysbrydol, a barn ysbrydol. Ac mae'r rhain i gyd yn anweledig yn ysbryd dyn, ymwrandawed dyn â'i galon, ac fe gaiff glywed y pethau hyn ynddo ei hunan.'

III

'Mae'r tân wedi ennyn yng Nghymru, mae drws dy fforest di (O wlad y Brytaniaid presennol) yn agored i'r eirias dân. Ac hefyd mae'r fwyall ar dy wreiddyn di. Oni ddygi yr awron ffrwyth da, fe a'th dorrir rhag bod yn bobl.' Hyd yma yn y rhagymadrodd hwn fe bwysleisiwyd bod *Llyfr y Tri Aderyn* wedi ei glymu'n dynn wrth ddigwyddiadau hynod bwysig yn Llundain. At hyn gallesid ychwanegu ei fod yn waith sydd yn ehangach fyth ei orwelion. Sonia'r Gigfran am gynnydd y ffydd Brotestannaidd yng ngwledydd Ewrop; am y Pab yn crynu yn ei gadair; am y Twrc sydd ar i lawr, a'r Iddew sydd ar i fyny — hynny yw am argoelion Diwedd y Byd ledled y gwledydd. Ond wrth graffu ar rychwant rhyngwladol y gwaith, rhaid gochel esgeuluso un o'i brif nodweddion, sef y gofal dwys am Gymru a fynegir ynddo, drwodd.

Yng ngolwg Piwritaniaid duwiol yr oes honno, nid oedd trwch y werin anllythrennog Gymraeg fawr gwell na phaganiaid anwybodus. Gwylient hwy'n mynychu gwasanaethau'r Eglwys Anglicanaidd â ffyddlondeb greddfol, difeddwl, gan barchu'r defodau a phlygu glin i'w hoffeiriaid annheilwng. Ond er bod Morgan Llwyd yn cytuno'n llwyr bod mawr angen diwygiad ysbrydol ar Gymru, a bod rhaid cenhadu yno'n ddiatreg cyn dyfod Dydd y Farn, eto, yn wahanol i'r Saeson, fe wyddai ef fod i'r Cymry eu hanes annibynnol, balch, cyfoethog, a'u bod yn dal yn bobl ar wahân.

Wedi'r cyfan, yr oedd ef ei hun yn dod o linach yr uchelwyr. Fe'i ganed ac fe'i maged yng Nghynfal, Ardudwy, ac yno y mae'n bur debyg y cafodd ei hyfforddi yn yr hen gelfyddydau Cymreig, cyn i'w fam ac yntau symud i Wrecsam, lle hwyrach y bu wedyn yn ddisgybl yn yr ysgol ramadeg. Gan ei bod yn dref fach fasnachol lewyrchus dros ben, 'roedd yn Wrecsam ddosbarth canol o fasnachwyr a siopwyr nad oeddynt yn perthyn i'r gyfundrefn gymdeithasol draddodiadol Gymreig. Edrych i gyfeiriad Llundain a wnaent hwy, ac oddi yno, yn wreiddiol, y daethai'r mudiad Piwritanaidd a fynnai ddiwygio'r Eglwys, a'i rhyddhau o afael gwŷr mawr y deyrnas. Ac yntau eto'n ŵr ieuanc, ymunodd Morgan Llwyd â'r cwmni, neu'r gymdeithas, newydd yma, ar ôl iddo gael ei argyhoeddi gan bregethau Walter Cradock, Piwritan Cymraeg. O hynny ymlaen, 'roedd ganddo, o reidrwydd, olwg newydd, bur wahanol, ar y cefndir Cymreig y deilliai ef ohono. 'Parchedig oeddwn i erioed a'm hynafiaid hefyd (fel y mae'r achau yn dangos)' medd yr Eryr, gan siarad yn null yr uchelwyr. Ond etyb y Golomen, 'nid yw achau teuluoedd ond rhwyd a weuodd naturiaeth yn yr hon y mae pryf copyn balchder yn llechu. Nid wyt ti nes er dyfod ohonot o dywysogion Cymru, onid wyt ti yn un o had Tywysog brenhinoedd y ddaear, wedi dy eni, nid o ewyllys gŵr, ond o'r Had anllygredig.'

Eto, er gwaethaf ei feirniadaeth ar ei fagwrfa, fe ddaliai Morgan Llwyd i arddel ei berthynas â Chymru, ac fe wnâi hynny am ddau reswm. Yn gyntaf, 'roedd ei gariad at ei genedl yn rhan annatod o'i fod, ac yntau wedi cael ei drwytho yn y traddodiad. 'Yma (medd rhai) y ganwyd Helen, a'i mab Constantin. Cymry, medd eraill, a ganfu America gyntaf. Brytaniaid a safasant hyd angau dros y ffydd gywir.' Yn ail, Cymru oedd y maes cenhadol a roddwyd iddo gan Dduw. Yn y cyswllt hwn yr oedd yr adnabyddiaeth werthfawr o amryfal bosibiliadau'r iaith Gymraeg, a feithrinwyd ynddo yng Nghynfal, a'r afael sicr a roddwyd iddo ar ddiwylliant ei gyndeidiau, o fudd mawr pan aeth ati yn y pumdegau i lunio llyfrau efengylaidd. Dangosodd E. Lewis Evans[1] sut yr aethai dull yr ymddiddan a fabwysiedid yn aml gan yr hen feirdd, y Brud a fuasai mor bobologaidd yng Nghymru ychydig cyn amser Morgan Llwyd, a hoffter traddodiadol y Cymry pendefigaidd o olrhain eu hachau, i gyd yn rhan naill ai o gynnwys neu o saernïaeth *Llyfr y Tri Aderyn*. Ac nid diwylliant y gwŷr bonheddig yn unig a roesai i Morgan Llwyd gip ar adnoddau'r iaith. Pwysleisiodd W.J. Gruffydd[2] bod yna dafodiaith goeth yng nghefngwlad Ardudwy yn yr ail ganrif ar bymtheg, ac y mae blas y dafodiaith honno i'w glywed ar Gymraeg y llyfr. Eithr ar ôl ei dröedigaeth nid am gyfoeth diwylliannol cenedl y Cymry y meddyliai Morgan Llwyd bellach, ond am ei thlodi. 'Cymer dithau (O Gymro caredig) air byr mewn gwirionedd i'th annerch yn dy iaith dy hun.' Dyna ran o frawddeg agoriadol *Llythyr i'r Cymry Cariadus*, y llyfr cyntaf a gyhoeddwyd ganddo, ychydig cyn i *Llyfr y Tri Aderyn* ymddangos. Mae'n amlwg ei fod yn ymwybodol iawn o ddiffyg deunydd cenhadol yn y Gymraeg — diffyg eithaf naturiol, o gofio mai mudiad Seisnig iawn ei naws a'i iaith oedd mudiad Piwritanaidd y cyfnod hwn.

Ac 'roedd y Cymry ar y pryd yn ymwybodol iawn mai o wlad ac o ddiwylliant estron y daethai'r Biwritaniaeth ymwthiol hon. Felly wele Morgan Llwyd yn ceisio ei orau glas i'w darbwyllo nad dyna oedd y gwir i gyd. 'Cymer dithau ... air yn dy iaith dy hun.' Er mwyn ennill eneidiau, rhaid oedd yn gyntaf gyrraedd meddyliau'r bobl ac ennill eu calonnau, ac yr oedd y Protestaniaid o'r cychwyn wedi pwysleisio'r angen am gyflwyno'r Efengyl i bob cenedl yn ei hiaith ei hun. Y mae'n ddigon hysbys bellach mai dyna a symbylodd yr esgobion yng Nghymru, yn yr unfed ganrif ar bymtheg, i daer geisio'r hawl i gyfieithu'r Beibl i'r Gymraeg. Ond er i Morgan Llwyd, bron ganrif wedyn, ddilyn yr union lwybr Protestannaidd hwnnw, sylwer ar y gwahaniaeth rhwng ei sefyllfa ef a sefyllfa'r Protestaniaid Anglicanaidd cyntaf. Erbyn canol yr ail ganrif ar bymtheg aethai rhyddiaith Gymraeg yn eiddo i'r Anglicaniaid a'u cred. Hwynt-hwy (sef cyndeidiau'r Gigfran) a roesai i'r Cymry Feibl a Llyfr Gweddi, a llyfrau moesol a chrefyddol eraill yn ogystal. Gorchwyl caled Morgan Llwyd felly oedd argyhoeddi'r Cymry teyrngar, ceidwadol, nad y ffydd hon a oedd wedi hen ymgartrefu yn eu plith ac yn eu hiaith oedd y wir ffydd y gallent hwythau ymddiried ac ymgartrefu'n ddiogel ynddi. Felly 'roedd brwydr Morgan Llwyd i ennill yr iaith i'w ddibenion crefyddol ei hunan yn gam pwysig yn ei frwydr i ennill eneidiau ei gyd-Gymry.

Meddylier yn y cyswllt hwn am yr ymryson diarhebol rhwng yr Eryr a'r Gigfran. Gwyddom, mae'n wir, fod Llwyd wedi bwriadu cyhoeddi casgliad o ddiarhebion Cymraeg rywbryd, ac yr oedd hynny, wrth gwrs, wedi tyfu'n arferiad eithaf ffasiynol er cyfnod y Dadeni. Ond nid crug di-lun a dibwrpas o wirebau wedi eu hel at ei gilydd rywsut-rywsut sydd yn *Llyfr y Tri Aderyn*. Mae diben pendant i'r gystadleuaeth ddiarhebol rhwng y Gigfran a'r Eryr. Anghydfynd y maent yn y bôn ynglŷn â tharddiad a natur a swyddogaeth dihareb; y naill ochr (Cigfran yr Eglwys) yn honni mai crynodeb o synnwyr cyffredin, sylwadaeth foesol graff, a ffrwyth profiad yw dihareb; y llall (yr Eryr) yn mynnu bod ystyr fewnol, gudd, gyfrin i ddihareb, am ei bod, fel y ddynoliaeth gyfan, a'i gwreiddyn yn ddwfn ym myd yr ysbryd, y tu hwnt i reswm. O edrych arni fel hyn, ymgiprys y maent am enaid yr iaith Gymraeg, a hynny drwy frwydro am oruchafiaeth ar faes y ddihareb. Maent am benderfynu'n derfynol ai i'r Gigfran ai i'r Eryr y perthyn y diarhebion hyn sy'n gyfarwyddyd traddodiadol i'r Cymry. A'r Eryr, wrth gwrs, sy'n fuddugol. Profa hyn fod gwythïen o fwyn aur pur yr ysbryd yn rhedeg yn ddiarwybod drwy'r hen iaith Gymraeg. Nid neges estron, felly, y mae'r Golomen yn ei phregethu. Atgofio'r Cymry y mae am y glendid ysbrydol a fu yn hanes y genedl, ac am y doethineb ysbrydol sydd yn dal ar gael, yn ddiarwybod fel petai, yn ei lleferydd.

Ac 'roedd yna ddeunydd chwedlonol hefyd ar gael y gallai Morgan Llwyd ei ddefnyddio i'r un perwyl. 'Dyma'r ynys a dderbyniodd yr efengyl gyntaf yn amser Lles fab Coel.' Cyfeirio y mae at yr hen stori am Gristioneiddio'r Brytaniaid — hanes chwedlonol yr oedd yr enwog Esgob Richard Davies eisoes wedi ei ailadrodd yn ei ragymadrodd i'r Testament Newydd. Dywedid i'r Brytaniaid dderbyn eu ffydd nid oddi wrth genhadon yr Eglwys Babyddol, ond oddi wrth Joseff o Arimathea a ymwelodd â Phrydain yn fuan wedi'r Croeshoeliad a'r Atgyfodiad. Esboniodd yr Athro Glanmor Williams[3] yn ddiweddar mai enghraifft oedd adferiad y chwedl hon gan yr Esgob o arferiad haneswyr Protestannaidd cyfnod y Diwygiad. Rhaid oedd aildrefnu hanes ar frys er mwyn difrïo'r Eglwys Gatholig a'i disodli. Yn y fersiwn newydd gosodwyd mieri lle bu mawredd yr Eglwys honno; nid hanes tyfiant y Ffydd oedd hanes yr Oesoedd Canol bellach, ond hanes dirywiad y Gair a dderbyniasid yn bur oddi ar law Joseff o Arimathea. Ac wrth lunio hanes eglwysig newydd ar sail hen chwedloniaeth genedlaethol, lladdai'r Esgob ddau aderyn ag un garreg. Tawelai amheuon y Cymry Catholig mai heresi oedd y grefydd ddiwygiedig, a phrofai nad ffydd Seisnig estron, amherthnasol i'r Cymry a gynigiai iddynt.

Dyma brif amcanion Morgan Llwyd bron ganrif yn ddiweddarach. Ond y tro hwn cymhwyswyd yr hanes chwedlonol at ddibenion gwrth-Eglwysig y Piwritaniaid hwythau. Yn *Gwaedd yng Nghymru* (1653) mae Llwyd yn cyfeirio at Lyfr Gwasanaeth yr Anglicaniaid, yn ogystal ag at offeren Ladin y Catholigion, wrth iddo gystwyo'i genedl am iddi gofleidio 'ysbryd Anghrist' a chefnu ar ysbryd y gwirionedd a gawsid gan Joseff o Arimathea.

Wele felly ymdrech genhadol Morgan Llwyd i argyhoeddi ei bobl, a oedd wedi dal yn Gatholig eu cydymdeimlad, yn Eglwysig eu haddoliad, ac yn Frenhinol eu hargyhoeddiad, nad ysgymunbeth o ffydd estron, amherthnasol, oedd y Biwritaniaeth newydd yr oedd yn ei harddel ac yn ei phregethu. Ac wele hefyd ei ymdrech i'w ailgysylltu ei hun, ar delerau a oedd yn dderbyniol ganddo, â'i wreiddiau a'i achau.

Nid oedd hynny'n waith hawdd, er cymaint ei ymdrechion, ac er bod y Piwritaniaid, ar ôl i fyddin y Senedd gael goruchafiaeth lwyr ar blaid y brenin, bellach yn llywodraethwyr ar Gymru benbaladr. 'Roeddynt ar dân gwyllt wedyn i efengylu, i ddiwygio, ac i ad-drefnu, ac yn 1650 cawsant yr hawl gan y Senedd i fwrw allan offeiriaid nad oeddynt yn deilwng o'u swydd, ac i osod rhai eraill yn eu lle. Dewiswyd nifer o weinidogion blaenllaw i ymgymryd â'r gwaith pwysig, dylanwadol hwn, ac yr oedd Morgan Llwyd yn un ohonynt. 'Roedd awdurdod mawr yn perthyn i'r Cymeradwywyr hyn yn rhinwedd eu swydd, a buan yr aeth y si ar led eu bod yn camddefnyddio'u grym. Awgrymid eu bod yn ddynion trachwantus, llygredig, a'u bod yn tra-arglwyddiaethu ar y wlad i gyd. Nid oedd sail o gwbl i'r cyhuddiad, cyn belled ag yr oedd Morgan Llwyd ei hun yn y cwestiwn, ond serch hynny mae'r cyhuddiadau hyn yn bwrw'u cysgod o bryd i'w gilydd ar draws *Llyfr y Tri Aderyn*. 'Gwnewch a fynnoch, chwi yw'r arglwyddi dros amser gosodedig', medd y Gigfran yn ddialgar, 'ond os daw fyth ar fy llaw i, mi a'i talaf i'r colomennod.'

Eithr cyn ysgrifennu *Llyfr y Tri Aderyn* y mae'n bur debyg bod Morgan Llwyd a'i gyd-weinidogion eisoes wedi colli'r cyfle euraid a roesid iddynt yn 1650 i ddiwygio'r Eglwys yng Nghymru. Ychydig cyn i Cromwell droi'r *Rump* o'r neilltu, yr oedd y Senedd honno wedi penderfynu rhoi taw ar y Cymeradwywyr yng Nghymru. Diddymwyd y ddeddf a roesai'r hawl iddynt ddethol offeiriaid newydd. Efallai mai'r weithred Seneddol hon a symbylodd Morgan Llwyd i fwrw ati ar frys i lunio llyfrau cenhadol ar gyfer eu cyhoeddi. Ac un drws wedi ei gau ar ei efengylu, rhaid oedd agor un arall yn ebrwydd, er mwyn i'w gydwladwyr glywed neges yr Efengyl cyn i ddiwedd y byd eu gyrru i ddifancoll. Mae'r hyn a ddywed y Golomen amdani ei hun yn ddiamau yn wir am Morgan Llwyd yntau ac am yr argyhoeddiadau a'i cymhellai i gyhoeddi *Llyfr y Tri Aderyn*: 'ac fe a'm gwnaed i o bwrpas i ddwyn tystiolaeth.'

[1] E. Lewis Evans, *Morgan Llwyd: Ymchwil i rai o'r prif ddylanwadau a fu arno* (Lerpwl, 1930), 13.
[2] W.J. Gruffydd, *Llenyddiaeth Cymru: Rhyddiaith o 1540 hyd 1660* (Wrecsam, 1926), 172–4.
[3] Glanmor Williams, *Grym Tafodau Tân* (Llandysul, 1984), 111–12.

LLYFRYDDIAETH DDETHOL

Argraffiadau

Ellis, T.E., gol., *Gweithiau Morgan Llwyd o Wynedd*, 1. Bangor a Llundain, 1899.
Davies, John H., gol., *Gweithiau Morgan Llwyd o Wynedd*, 2. Bangor a Llundain, 1907.
Donovan, P.J., gol., *Ysgrifeniadau Byrion Morgan Llwyd*. Caerdydd, 1985.

Astudiaethau Beirniadol

Bevan, Hugh, *Morgan Llwyd y Llenor*. Caerdydd, 1954.
Bevan, Hugh, 'Morgan Llwyd a'r chwyldro Piwritanaidd'. *Llên Cymru* 3 (Ionawr, 1954), 12–23.
Evans, E. Lewis, *Morgan Llwyd: ymchwil i rai o'r prif ddylanwadau a fu arno*. Lerpwl, 1930.
Evans, E. Lewis, 'Morgan Llwyd'. Yn Geraint Bowen, gol., *Y Traddodiad Rhyddiaith*. Llandysul, 1970, 194–212.
Evans, E. Lewis, 'Morgan Llwyd a *Llyfr y Tri Aderyn*'. *Y Cofiadur* 3 (1925), 4–21.
Gruffydd, W.J., 'Morgan Llwyd a *Llyfr y Tri Aderyn*'. *Y Cofiadur* 3 (1925), 4–21.
Gruffydd, W.J., *Llenyddiaeth Cymru: Rhyddiaith o 1540 hyd 1660*. Wrecsam, 1926.
Hughes, Medwin, 'Defnydd meddwl Morgan Llwyd'. *Diwinyddiaeth* 34 (1983), 94–109.
Jones, John W., ac Evans, E. Lewis, goln. *Coffa Morgan Llwyd*. Llandysul, 1952.
Jones, R. Tudur, 'The Healing Herb and the Rose of Love'. Yn R.B. Knox, gol., *Reformation, Continuity and Dissent: essays in honour of Geoffrey Nuttall*. Llundain, 1977, 154–79.
Lewis, Saunders, 'Morgan Llwyd'. Yn R. Geraint Gruffydd, gol., *Saunders Lewis: Meistri'r Canrifoedd*. Caerdydd, 1973, 153–63.

Nuttall, G.F., *The Welsh Saints, 1640–1660: Walter Cradock, Vavasour Powell, Morgan Llwyd.* Caerdydd, 1957.
Owen, Goronwy Wyn, 'Cosmoleg Morgan Llwyd o Wynedd.' *Y Traethodydd* 138 (1984), 14–18.
Owen, Goronwy Wyn, 'Morgan Llwyd a Jakob Böhme'. *Y Traethodydd* 139 (1984), 14–18.
Thomas, M. Wynn, 'Agweddau pellach ar Gymreigrwydd Morgan Llwyd'. *Y Traethodydd* 137 (1982), 141–53.
Thomas, M. Wynn, 'Sisial y Sarff: ymryson oddi mewn i Forgan Llwyd'. *Y Traethodydd* 137 (1983), 173–83.
Thomas, M. Wynn, *Morgan Llwyd.* Caerdydd, 1984.

Astudiaethau Hanesyddol

Capp, B.W., *The Fifth Monarchy Men.* Llundain, 1972.
Hill, Christopher, *The Century of Revolution: 1603–1714.* Llundain, 1961.
Hill, Christopher, *The World Turned Upside Down.* Llundain, 1972.
Jones, R. Tudur, *Vavasor Powell.* Abertawe, 1971.
Liu, Tai, *Discord in Zion: the Puritan Divines and the Puritan Revolution, 1640–1660.* Yr Hague, 1973.
Nuttall, G.F., *Visible Saints: The Congregational Way, 1640–1660*, Rhydychen, 1957
Nuttall, G.F., *The Holy Spirit in Puritan Faith and Experience.* Rhydychen, 1946.
Richards, Thomas, *A History of the Puritan Movement in Wales, 1639–53.* Llundain, 1920.

DIRGELWCH
i rai i'w
DDEALL
ac i eraill i'w
WATWAR,

SEF

Tri aderyn yn ymddiddan
yr ERYR, a'r GOLOMEN,
a'r GIGFRAN.

Neu A R W Y D D

I   A N N E R C H

Y   C Y M R Y

Yn y flwyddyn mil a chwechant
a thair ar ddeg a deugain,
CYN DYFOD,
6 6 6.

Eryr. O ba le'r wyt ti (y Gigfran ddu) yn ehedeg?

Cigfran. O dramwy'r ddaear ac o amgylchu'r gweirgloddiau i ennill fy mywyd.

Eryr. Ond tydi yw'r aderyn a ddanfonodd Noa allan o'i long na ddaeth yn ôl fyth ato drachefn?

Cigfran. Myfi yn wir yw'r aderyn hwnnw, ac mae arna'i dy ofn di, brenin yr adar.

Eryr. Pam na ddoit ti yn ôl at yr hwn a'th ddanfonodd?

Cigfran. Am fod yn well gennyf fwyta cyrff y meirwon na bod dan law Noa a'i feibion.

Eryr. Di wyddost (O Gigfran) i'r Golomen ddychwelyd yn ôl, a'i deilen werdd yn ei phig.

Cigfran. Beth er hynny? Nid yw hi ond aderyn gwan ymysg ehediaid y ffurfafen. 'Rw'i fy hun yn gryfach, ac yn gyfrwysach o lawer.

Eryr. Ond yr wyt ti yn bwyta cig y meirwon, ac yn ymborth ar y budreddi annaturiol.

Cigfran. Felly yr wyt tithau (O Eryr) weithiau, er dy fod yn falch, ac megis yn frenin.

Eryr. Gwir yw hynny. Ond galwn am y Golomen i wrando beth a ddywed hi amdani ei hun, ac amdanom ninnau.

Cigfran. Ni ddaw hi i'n cwmni ni rhag ofn, ac ni feiddia hi ddywedyd ei meddwl lle bwyf i.

Eryr. Nage. Rhaid wrth gyngor y Golomen. Gwrandawn ar bawb, a dewiswn y gorau. Pa le yr wyt ti (O Golomen) yn lloches y grisiau? Gad i ni glywed dy lais dithau.

Colomen. Os ceir cennad (ac onid e), mae ewyllys i ddangos dirgelwch y dwfr dilyw, a'r hen fyd a'r newydd; da gennyf ddwyn y ddeilen las a newydd da i'r rhai a achubir. Ac mi ddylwn gael cennad i ddywedyd y gwir yn llonydd amdanaf fy hunan, ac am bob aderyn arall.

Eryr. Dos rhagot. Ni rwystra neb di: di gei gennad i fynd ymlaen.

Colomen. Mae gennyf i eto lawer ynghylch ysgrythurau ac eneidiau dynion, ynghylch teyrnasoedd a rhyfeloedd, Arch y dystiolaeth, a chodiad y Seren Ddydd, Haul y Cyfiawnder, a Dydd y Farn, diwedd y byd hwn, a dechrau'r byd arall, naturiaeth Duw, a natur dyn, nef ac uffern, a llawer o faterion eraill. Ond mae'r Gigfran yn anhywaith, ni cheir sôn am ddim daioni o'i bodd hi.

Eryr. Ond mae Noa wedi peri i mi'r Eryr lonyddu'r Gigfran a chadw heddwch ymysg adar: ac fel yr ydym ni'r eryrod yn gryfach na'r cigfrain, felly mae'r da yn gryfach na'r drwg.

Colomen. Beth a fyn yr Eryr ei wybod, ac am ba ryw newydd y mae yn ei feddwl ymofyn?

Eryr. Mi fynnwn wybod gennyt ti pa beth yw dirgelwch Arch Noa; a chan fod y dychryn, a'r dilyw, a'r rhyfel, a'r rhwystrau, a'r gwae, a'r gwagedd, a'r camwedd wedi parhau cyd ar y ddaear, pa bryd y ceir diwedd?

Colomen. Cyfrinach yw Arch Noa i'w ddangos i rai, canys nid yw'r adar drwg nac yn deilwng nac yn ewyllysgar i'w glywed. Ond am y ddeilen werdd, a'r newydd da, fe baid y dwfr dilyw pan bregether yr Efengyl Dragwyddol drwy'r holl ddaear.

Eryr. Onid yw'r pregethwyr yn ei phregethu hi ym mhob plwyf yn barod ar eu rhedeg, ac yn parablu, ac yn darllen yr Efengyl i ni yn ein sefyll?

Colomen. Nac ydynt gan mwyaf. Nid adwaenant Dduw, mwy nag y mae'r twrch daear yn adnabod yr haul, neu blant Eli yr hwn a'u gwnaeth.

Eryr. Ond maen nhw yn dywedyd mai pregethu'r Efengyl y maent i gyd.

Colomen. Ie, os yr un llais sydd gan y Gigfran a'r Golomen, neu os yr un fath yw cyfarthiad cŵn a lleferydd angylion. Ac nid un o ddefaid yr Oen nefol yw'r hwn ni ŵyr nad blaidd yw bugail, ac nad bugail yw'r blaidd.

Eryr. Ond beth (meddi di) yw'r ddeilen las a'r Efengyl Dragwyddol?

Colomen. Arwydd fod digofaint wedi mynd heibio, a'r chwe mil yn pasio, a'r Sabaoth mawr ar fynydd Ararat yn agos.

Eryr. A geir heddwch drwy'r byd, a goleuni yn lle'r tymhestloedd a'r tywyllwch gwyntog yma?

Colomen. Ceir, dros lawer o flynyddoedd.

Eryr. Pa fodd y profi di hynny? Onis gwnei, ni byddaf bodlon i ti, mwy nag i'r Gigfran, neu aderyn arall.

Colomen. Gwrando (O Eryr) a deall: mi ddywedaf y gwir. Mewn chwech diwrnod y gwnaed y byd, ac ar y seithfed y gorffwyswyd, medd Moesen; ac mae un dydd gyda phreswyliwr tragwyddoldeb fel mil o flynyddoedd, a mil o flynyddoedd fel un dydd, medd Pedr. Deall hyn meddaf, Eryr, canys ychydig a'i cenfydd nes iddo ddyfod.

Cigfran. Crawc. Beth a wna'r Golomen ffôl yma yn siarad ni ŵyr hi beth, o'th flaen di, O Eryr boneddigaidd?

Eryr. Heddwch: hi wnaeth wasanaeth i'r byd yn yr Arch. Rhaid i bob aderyn arfer ei lais.

Colomen. Nid da gan y Gigfran monof i, er na wneuthum erioed niwed iddi.

Eryr. Felly nid da gan y drwg y da un amser, ond ei hymlid y maent o goed i gastell.

Cigfran. Ai aderyn drwg y gelwi di fi? Ai hawdd yw i mi gael fy nghyfrif yn ddrwg?

Eryr. Fe a'th anwyd yn uffern, ac yno y mynni drigo. Ond ni fynnit mo'th alw wrth enw dy wlad, na'th farnu yn ôl dy waith.

Cigfran. Ni fynna'i o'm bodd mo'm galw felly.

Eryr. Gwêl, ac edrych ar y Golomen yma, nid gwaeth ganthi hi pa fodd y gelwir hi, canys mwyn ac arafaidd yw.

Cigfran. Nid colomen wyf fi, ond cigfran. Ac fe ordeiniwyd i bob aderyn ei liw, a'i lun, a'i lais ei hun. Ac os gofynni di i mi pam, minnau a ofynnaf i tithau, O Eryr, pam nad wyt ti cyn lleied â'r dryw bach, neu'r wenfol?

Eryr. Ond gwrando (Gigfran), pa newydd yr wyt ti yn ei ddwyn ar ôl dy holl hedeg dros y gwledydd?

Cigfran. 'Rw'i'n gweled mai gwych yw bod yn gyfrwys pa le bynnag y bwyf.

Colomen. Nid yw dy gyfrwystra di ond ffolineb, canys ni fedri ac ni fynni ddyfod yn ôl at Noa.

Cigfran. Gwêl, O Eryr frenin, fel y mae'r Golomen o'th flaen di yn fy marnu i.

Colomen. Nid wyf fi ond dywedyd y gwir amdanat ti, ac fe fyn y gwir o'r diwedd ei le.

Eryr. Ond dangos di (o aderyn du) i'th gyfiawnhau dy hun, pa gyfrwystra sydd ynot ti mwy nag mewn aderyn arall?

Cigfran. Mi fedraf droi gyda phob gwynt, ac arogli fy mwyd o bell, a gochelyd y saethyddion. Ni ddisgynnaf yn agos i neb heb fy llygad yn fy mhen. Pa opiniwn bynnag a fo gan yr uchelwyr, mi fedraf ei lyncu, am y caffwyf lonyddwch yn fy nyth.

Eryr. Oni fedr y Golomen hynny hefyd?

Cigfran. Crawc. Mae rhai o'r proffeswyr newyddion yma mor wancus â minnau, ac mor gyfrwys am y byd â'r gigfran dduaf. Ond os troi'r ddalen a darllen y tu allan i'r gwir, mae llawer o'r dynion newyddion yma heb ganddynt bris am y byd, nac amdanynt eu hunain, nac am ddim, am y caffont fod gyda Noa yn yr Arch, mewn cymdeithas yn ysbryd yr ail Adda; ac nid adwaen i yr un ohonom ni y cigfrain o'r meddwl hwnnw.

Colomen. Gwir y mae'r Gigfran yn ei ddywedyd yn hyn, canys mae llawer â lliw colomennod arnynt, a naturiaeth y gigfran ormod ynddynt. Tit.1.16.

Eryr. Ond gwrando di (Gigfran gyfrwys), onid oes ewyllys rhydd gennyt? Oni elli os mynni beidio â lladd yr ŵyn bach, a chymryd rhyw ffordd arall i fyw?

Cigfran. Ped fai ewyllys fe fyddai allu. Ped fai'r gwaethaf yn gallel iawn ewyllysio bod yn orau, fe fynnai fod felly: ond mae ewyllys pawb wedi ei garcharu yn ei naturiaeth ei hun.

Eryr. Ond oni elli di ddyfod allan o'th ewyllys, a'th wadu dy hun?

Cigfran. Na allaf. Trech yw naturiaeth na dim, ac ni welaf fi fawr yn nofio yn erbyn y ffrwd honno. Ie, ni all neb ei gwrthwynebu yn hir ond y sawl sydd â naturiaeth newydd ganddo.

Eryr. Ond beth yw'r ewyllys i'r naturiaeth?

Cigfran. Mae'r ewyllys yn y creadur fel y ffrwyn i'r march, neu lyw i'r llong, neu arglwydd mewn gwlad. Ac os bydd yr ewyllys yn ddrwg, mae pob pluen o'r aderyn hwnnw yn ddrwg hefyd.

Eryr. Da yr wyt ti yn dywedyd dy reswm, ond drwg yr wyt ti yn gwneuthur. Pa le y cefaist ti y synnwyr yma i ymresymu fel hyn?

Cigfran. Ym mha le y cawn i hi, ond yn ysgolion y deyrnas? Ond yn aderyn du yr euthum i i'r ysgol, ac yn gigfran ddu fel y gweli y deuthum i adref.

Eryr. Wrth hynny, ni buase waeth i ti aros gartref.

Cigfran. O ni fynaswn i er dim aros gartref. Canys mi a enillais gallineb i dwyllo'r adar, a phei rhoit ti gennad (O Eryr) mi a'th dwyllwn dithau fel y siomodd y Phariseaid Bontius Pilat. Ond craff yw dy lygaid di, a rhaid tewi.

Eryr. Ond welaist ti mo'r colomennod yn yr ysgolion lle y buost di?

Cigfran. Yr oedd ambell un. Ond ni fedrwn i ddarllen mo'u hiaith nhwy, na nhwythau deall mo'm meddyliau innau. Ond pam yr wyt, O Eryr, yn taro gyda'r Golomen o'm blaen i?

Eryr. Mae Noa yn ei hoffi hi yn fwy na th'di.

Cigfran. Er hynny cofia mai er i'r golomen gyntaf a'r ail ddyfod i'r Arch eilwaith, ni ddaeth y drydedd i ymorol amdano mwy.

Eryr.   Fe alle mai Anghrist oedd honno yn rhith colomen: neu fe alle fod y byd yn rhydd iddo ar ôl darfod cyfryngdod a gweinidogaeth yr Arch.

Cigfran.   Ond fel y waethaf y maen nhw i gyd bes gwyddit.

Eryr.   Nage. Onid y nhwy yw'r adar gwirion, hawddgar, cyflym, cwynfannus, diniwed? Ac mae yn y gwledydd bobl o'r fath honno, er dy fod ti yn crowcian yn eu herbyn. Gwell a fyddai i ti aros gyda ni yn ddiniwed. Fe ŵyr Noa mai aderyn drwg wyt ti; ac mae ei fwa ef yn cyrhaeddyd o entrych y ffurfafen i waelod y ddaear, a'i saeth ar y llinyn yn erbyn pob aderyn drwg sydd wedi ei adel ef heb ddychwelyd ato.

Cigfran.   Mi ddywedais ddwy waith o'r blaen i ti, na alla'i newid mo'm naturiaeth mwy na'm lliw. Mae gennyf lawer chwedl i'w ddywedyd, bei cawn i gennad, a chroeso.

Eryr.   Pam na ddywedi di dy feddwl yn hy, a minnau yn rhoi cennad i ti?

Cigfran.   On'd synhwyrol yw'r neb a ddywedo mewn damhegion? A brenin wyt ti yr awron. Ac os dywedaf ddim yn erbyn dy feddwl di, di a'm anrheithi.

Eryr.   Na wnaf ddim. Fe ddyle rheolwyr roi cennad i bawb i ddywedyd eu meddwl. Dywed yn hy, ac mi a'th wrandawaf.

Cigfran.   Ond mae'n beryglus dywedyd y gwir yr awron. Mae milwyr a chynghorwyr yn sbïo amdanom, i'n dal, ac i'n difetha.

Eryr.   Nage, Drwy na ddywedych ond y gwir sydd ynot mewn heddwch, di gei dy wrando.

Cigfran.   Na wrando ar y Golomen, ni fedr hi ond rhyw duchan oferedd. Wedi'r cwbl (meddaf fi) melys yw bwyta o chwant y cnawd tra barhatho. A gwych gennyf (bes gallwn) ddifa yr holl rai bach wedi eu newydd aileni, a dychrynu y lleill â'm llais garw gwrol.

Eryr. Drwg yw creulondeb y llais garw. Oni wyddost ti mai gwell bodd pawb, na'i anfodd? Dysg y gwirionedd gan y colomennod, a bydd ddiddig ynot dy hunan.

Rhuf.12.18.

Cigfran. Ni chlywa' i well llais pregethau gan y naill na'r llall.

Eryr. Fe fedr y Golomen ateb nad oedd St Paul ond gŵr gwael yng ngolwg y Corinthiaid, ond tuedd a dyfnder y meddwl mewn pregethwyr yw'r cwbl.

2 Cor.10.10.

Cigfran. Ond pwy sydd yr awron fel yr Apostolion?

Eryr. Er hynny, mae'n hawdd i lygad Eryr ganfod fod yr un môr yn torri allan yr awron ag oedd y pryd hynny; ond nad yw'r ffynhonnau yma o ddwfr eto yn troi yn llyniau fel cynt, eisiau calonnau isel i'w derbyn.

Cigfran. O Eryr, na chred mo'r gau broffwydi, ond cosba nhwy mewn pryd.

Eryr. Nid ffals broffwydi yw y rhai sy'n traethu yr Efengyl, ac yn byw ar ei hôl. Drwg yw cenfigen. Sôn yr oeddit ti am dy sir dda ar y cyrff meirwon. Os cefaist, cadw os gelli. Minnau a gefais lawer o'r seigiau hynny: ond maen nhw wedi darfod.

Cigfran. Oni weli di gywion y colomonned yn ehedeg i'r pulpud i bregethu, a'u plisg geni am eu pennau? Pa fodd y gall ieuenctid ddysgu henaint?

Eryr. Fe ddywed y Golomen i ti, fod y llanc Joseff (ac Elihu hefyd) yn fwy ei ddysg na'i

hynafgwyr. A bod rhai yn ddysgedig yn eu
hieuenctid, a llawer yn ynfydion yn eu henaint.
Ac nad dyfnderoedd ffynhonnau naturiaeth
sy'n dyfrhau enaid dyn, ond y cawodydd oddi
fry; ac na wydde Nicodemus dysgedig beth
oedd yr ailenedigaeth mwy na phlentyn cyn ei Ioan 3.
eni, a llai na phlentyn bach wedi ei eni. Di weli
lanc bychan yn deall mwy nag anifail mawr, ac
fel y bo'r dydd yn gwawrio, y mae dyn yn
gweled. Canys fe welai Ioan Efengylwr lawer
mwy ganol dydd nag a welai Ioan Fedyddiwr ar
y wawr: am hynny y lleiaf yn nheyrnas nef oedd
fwy nag ef.

Cigfran. Ond mae'r genhedlaeth ragrithiol
yma yn barnu ei hynafiaid, eu bod nhwy yn
nhân uffern, ac er hynny sôn a wnânt am gariad
perffaith.

Eryr. Mi wn amcan beth y maen nhw yn ei
ddywedyd. 'Rwyt ti yn camgymryd eu geiriau.
Uchel yw paradwys, a dwfn yw uffern: nid oes
fawr eto yn y byd canol yma yn canfod yn eglur
pa rai sydd yn y ddau fyd eraill. Ac am eu
hynafiaid, gobeithio maent fod cynifer ohonynt
ag a wnaethant yn ôl yr hyn a wyddent wedi
dychwelyd i lochesau'r Arch, ond nad digon i'r Sech.1.4.
oes yma fod fel y nhwy. Canys fe edrychir am Luc 12.48.
lawer oddi wrth y rhai a dderbyniasant lawer.

Cigfran. Ond mae llawer o opiniynau new-
yddion, ac o heresïau dinistriol, ymysg yr adar
annysgedig yma.

Eryr. Pa bethau yw'r rheini? Ni chreda'i Eseia 11.3.
mo bob chwedl: gad i mi weled â'm llygad fy Math.15.14.
hunan, ac yna mi a farnaf.

Cigfran. On'd siwrach i ti gredu y
doctoriaid dysgedig? Ac os parant i ti ddial,
gwna heb ruso.

Eryr. Nid felly. Mi welais yn amser Mary, Elizabeth, Iago a Charles olaf, ac er hynny hyd yn hyn, nad oedd ond y trecha' treisied, a llawer o waed gwirion a dywalltwyd i geisio ystwytho cydwybodau y rhain. Ond mae'n rhaid i ebill athrawiaeth fynd o flaen morthwyl rheolaeth, rhag hollti'r pren, neu blygu'r hoel.

Cigfran. Gwrando dithau (O Eryr tywysogaidd). Pam yr wyt ti yn gwarafun i'r cigfrain fyned ar ôl eu meddyliau, a'u cydwybodau? Yr wyt ti yn dwyn ein llyfr gwasanaeth oddi arnom, ac yn ein llwytho ni â threthi trymion yn ôl dy ewyllys dy hun, ac yn gwneuthur gwaeth na'n bygwth, onis talwn hyd adref.

Eryr. Am y trethi, er na ŵyr y Gigfran gystal â'r Eryr beth sydd i'w wneuthur i faentumio arfau a llongau i gadw heddwch, eto rhaid i ti dalu teyrnged, ac ymostwng i'r awdurdod sydd arnat, ac onibai fod y cigfrain hyd yn hyn yn ysgymun, ni bydde raid wrth filwyr, na threthi i'w maentumio. Pan ddysgech di fod yn llonydd fe ysgafnheir y trethi. Ond am lyfr dy wasanaeth, mi chwedleuaf yn y fan â'r Golomen, i weled beth a ddywaid hi yn hynny.

Cigfran. Cigfran anhapus wyf i. 'Roedd fy hynafiaid i yn cael llonydd, a'r eryrod a'r rheolwyr gynt yn cymryd eu hesmwythdra, ac yr awron yr wyt ti yn fwy dy reswm, ac yn llai dy nerth na'r tywysogion o'r blaen.

Eryr. Digon yw hynny o weniaith a chyfrwystra. Yr oeddit ti gynne yn sôn am heresïau dinistriol sydd ymhlith y colomennod. Enwa un o'r heresïau hynny, ac mi a'i hystyriaf, ac onid e, mi & &.

Cigfran. Maen nhw yn dal nad oes ond un brenin, ac yn dywedyd ei fod ef ym mhob lle ac heb ei gynnwys yn unlle. Nid adwaen i mo'r brenin hwnnw. Ac maen nhw ar fedr dy wrthod tithau, O Eryr, i fod yn swyddog arnynt, ac am hynny fy nghyngor i yw i ti mewn pryd edrych yn dy gylch.

Eryr. Nid rhaid i mi ofni mo'r colomennod gwirion, ni wnân nhw ddim ond a fynno Noa, yr hwn er ei fod ef yn aros yn gorfforol yn yr Arch, mae ei arglwyddiaeth ef dros yr holl fyd.

Cigfran. Ond maen nhw yn dal mai nhwy yw'r bobl buraf. Oni chlywaist ti'r Golomen gynnau yn ei chanmol ei hunan?

Eryr. Mae hi yn llawer hawddgarach na th'di. Ac 'rw'i'n cofio i'r dynion diniwed gynt ddywedyd eu bod nhwy yn blant yr Arch, a bod yr holl fyd yn gorwedd mewn drygioni, a bod ganddynt hwy sêl ddirgel, nad edwyn neb ond nhwy eu hunain.

1 Ioan 5.19.

Dat.2.17.

Cigfran. Ond nid opiniwn dyn amdano ei hun a all ei achub heb weithredoedd da.

Eryr. Mi wn nad yw'r Golomen yn barnu mo'r ysguthanod, a llawer math arall o adar, ond am yr adar drwg, mae eu gweithredoedd eu hunain yn eu barnu.

Cigfran. Ond pa le y mae eu gweithredoedd da nhwy, ar ôl eu holl duchan, a'u trydar?

Eryr. Oni allant wneuthur y daioni a fynnent, ni wnânt niwed i neb. Ond dydi, gan na fynni wneuthur da, di a fedri ac a fynni wneuthur drwg.

Cigfran. On'd niwed iddynt hwy hedeg i gaeau eu cymydogion a difetha eu hadyd, wrth eu barnu i uffern, fel pe baent oll yn golledig?

Eryr. Yn yr hyn y maen nhw ar fai nid wyf i yn dadlau drostynt, ac ni all neb ond Noa farnu calonnau yr holl adar. Ond yr wyt ti yn barnu calon y Golomen, ei bod hi yn ddrwg, a phawb yn gweled wrth dy liw, a'th lais, a'th weithredoedd di, dy fod ti yn ddrwg dy hunan.

Cigfran. Ni alla'i aros clywed y gerdd yma. Atolwg, gad lonydd i mi i ehedeg lle y mynnwyf.

Eryr. O aderyn cyfrwysddrwg, gwell gwrando na chael dy ladd. Ond fe las a gafas rybudd. Mae arna'i fy hun eisiau cael fy nysgu, ond er na wn i fawr, 'rw'i yn rhwymedig i roi i ti gyngor, a thithau yn rhwym i wrando ar fy llais.

Cigfran. Na feia ormod arnaf i. Pa warant oedd gennyt ti, os gwiw gofyn, i dorri pen y Brenin, ac i symud Parliamentau wrth dy bleser dy hun, fel na ŵyr fawr yr awron i bwy yr ymostwng i dalu teyrnged? Ac mi welaf fod teyrnas heb reolwyr (fel corff heb ben) a phawb yn gwneuthur a fynno ef ei hunan.

Eryr. Geirwon yw geiriau'r Gigfran. Ond gwrando er hynny ar reswm. Mae ysbryd rheolaeth fyth yn parhau, a'r sawl na phlyco iddo, a ddryllir. Mae Noa yn rhoi rheolaeth i'r
Dan.4. sawl a fynno, yn gostwng y naill ac yn codi'r llall o'r domen i reoli. Nid oedd Gideon, a Saul, a Dafydd ond gwŷr gwael ar y cyntaf yn y byd. Ac o'r tu arall, mae efe yn chwythu ymaith
Dan.2.35. benaethiaid y byd fel llwch y llawr dyrnu i'r domen. Canys nid yw efe yn derbyn wynebau dynion. Nid yw'r holl ddaear ond stôl draed
Eseia 40. iddo. Mae efe yn rhychwantu y ffurfafen, ac yn dal y môr mawr ar gledr ei law, ac yn pwyso y
Dan.5.27. mynyddoedd mewn cloriannau; ac os bydd un gŵr mawr yn rhy ysgafn, mae efe yn ei roddi heibio. Ond mae efe yn edrych ar yr isel, ac yn cynnal y galon doredig.

Cigfran. Mi welaf y teyrnasoedd yn berwi fel ped faent grochanau ar y tân. Ond beth a ddaw, dybygi di, O Eryr, ar ôl hyn?

Eryr. Ni wn i fy hun, mi gaf wybod gan y Golomen. Ond 'rw'i'n tybied y ceir eto fyd gwell nag a gaed erioed, canys yn y nef a'r ddaear newydd fe erys cyfiawnder.

Cigfran. Ond oni weli dy hunan fod y byd yn myned waethwaeth, a chariad perffaith yn treio?

Eryr. Na sonia di am gariad perffaith (O Gigfran amherffaith). Beia arnat dy hun yn gyntaf, ac yna mae gobaith ohonot. Oni weli di fod yr haul yn cledu'r clai? A pho dwymna' y tywynno ar y domen, brynta' fydd. Mae'r da yn mynd yn well-well ym mhob oes erioed, a'r drwg yn mynnu mynd waethwaeth. Rhuf.2.21.

Cigfran. Mi welaf dy fod ti fyth yn ffafrio'r colomennod. Oni wyddost ti eu bod nhwy yn ymlusgo i deiau, ac yn gwneuthur drygioni gyda'i gilydd?

Eryr. A fuost ti erioed yn eu mysg nhwy i weled beth y maen nhw yn ei wneuthur?

Cigfran. Na fûm. Ac nid wyf fi ar fedr bod mor ffôl â myned yn agos atynt i'w cyfarfodau hwynt.

Eryr. Oni buost, paham yr wyt ti yn eu cyhuddo?

Cigfran. Mi glywais lawer yn dywedyd, nad oes dim daioni i'w gael wrth fod yn eu mysg nhwy.

Eryr. Mi wrantaf mai rhyw gigfrain eraill a ddywad y chwedl yma i ti amdanynt hwy.

Cigfran. Beth os e? Mi gredaf i synnwyr un gigfran o flaen cant o golomennod. Ond maen nhw yn gwadu'r Ysgrythurau, a phob daioni.

Eryr. Pam y maent hwy (wrth hynny) yn eu darllen mor fynych? Ond odid di dy hun sy'n gwadu'r Sgrythurau, ac heb edrych arnynt unwaith yn y pedwar amser, nac heb eu darllen o'r tu fewn chwaith, i'w dangos mewn gweithred oddi allan.

Cigfran. Onid pobl dwyllodrus ydynt hwy? Nhwy a ddywedant yn deg ac a weddïant weddïau hirion, na thalant ddim wedi'r cwbl.

Eryr. Ni ofynnwn i'r Golomen beth a ateb hi drosti ei hun. Beth a ddywedi di wrth hyn?

Colomen. Gwell yw na ddyweder dim wrth rai direswm. Ond gwir yw, yr ydym ni yn ymgyfarfod yn fynych, yn dywedyd yn deg, yn ceisio gwneuthur y daioni i bawb, ac nyni a ewyllysiem bei gallem wneuthur yn well. Ac os gellir profi ein bod ni o'n bodd yn niweidio neb, cymer di (O Eryr) ddial arnom. Ond ni ddyle'r Gigfran gael ei hewyllys. Nid oes chwaith goel ar ei gair na'i llw hi, mwy nag ar fytheiriad ci. Hi fedr dyngu cant o lwon, am y gallo hi lyncu eraill. Ac am y gweddïau hirion, y rhai sy'n pwyso ar ei chylla hi, mae'n rhaid i ni barhau nes y caffom gan Noa wrando. Ie, di weli dy hunan ein bod yn cael agos bob peth ar yr ydym ni yn ei ofyn. Yr ydym ni yn curo wrth ystlysau yr Arch, ac yntau yn agor i ni.

Eryr. Enwa un peth a gafodd y colomennod.

Colomen. Ni a weddïasom ar i ni y colomennod gael y llaw uchaf yn y rhyfel, ac am lawer peth arall, ac fe a'u rhoddwyd i ni.

Cigfran. Ai colomennod oeddych chwi yn amser y rhyfel? Tebycach i gythreuliaid o lawer.

Colomen. Gwir yw fod rhai adar afreolus wedi taro ar ein plaid, a'r rheini a wnaethant gamau drwy blyndrio'r gwledydd.

Cigfran. Crawc. Mi glywn ar fy nghalon ladd y Golomen wenieithus yma.

Eryr. Digon. Mi welaf y mynnit ti ddechrau rhyfel arall o newydd, bes gellit. Digon yw hynny o ymladd, di gefaist dy guro yn fynych.

Cigfran. Gad iddo. Mi gaf ddiwrnod eto.

Eryr. Eto fyth? Di soniaist lawer gwaith am gael y llaw uchaf. Bydd gall o'r diwedd; a chofia mai esmwythdra'r ynfyd a'i lladd. Canys ni chlyw esmwyth fod yn esmwyth. Diar.1.

Cigfran. Esmwyth, meddi di? Mi fynnwn bei gwyddit ti mor anesmwyth ydw'i eto.

Eryr. Os byddi esmwyth ynot dy hunan, di gei bob peth yn dda. Gochel fod fel Cain filain, neu fel Balaam ddichellgar, neu fel Achitophel gyfrwys, neu fel Absolom aflonydd, neu fel Suddas fradwr, neu ryw anifail drwg; neu yn afreolus fel y môr. Oni phrynaist ti synnwyr eto? Gochel neidio o'r badell ffrio i'r tân. Mi ddywedais o'r blaen i ti, mai y rhwyd a weuodd dy falais dy hun sydd yn dy faglu.

Cigfran. Ond pam yr ydych chwi yn fy ngalw i yn Gigfran?

Eryr. Tra foch di Gigfran, rhaid yw dy alw di felly.

Colomen. Os paid y Gigfran â'i chreulondeb, fe a'i hoffir hi fel aderyn arall: nid oes ynof i na chwerwedd bustl na malais yn ei herbyn. Ond mae yna ddrwg gennyf drosti.

Eryr. Fe allai y gellir ei newid hi er hyn i gyd.

Cigfran. Mae Noa wedi fy ngwrthod i, ac nid gwaeth i mi beth a wnelwyf os gwrthodedig ydwyf.

Eryr. Nid efe a'th wrthododd di, ond dydi a'i gwrthodaist ef, ac a aethost ymaith. Cariad ac Esec.33.11.

ewyllys da yw efe, ac nid oes dywyllwch ynddo. Hawdd ganddo faddau i'r gwaethaf; anhawdd ganddo ddigio a gwych ganddo hirymaros.

Cigfran. Ond mae llawer yn dywedyd ei fod ef wedi gwrthod llawer, a dewis rhai cyn eu geni.

Eryr. Mae hyn tu hwnt i'm dysg i: fe alle y gŵyr y Golomen y dirgelwch hwn. Beth a ddywedi di?

Colomen. Anhawdd dywedyd, ac anhawdd deall pa fodd y mae'r dyfnder hwn yn Noa. Ond mi ddarllenaf i chwi yr A.B.C. cyntaf fel hyn. Mae yn nhragwyddoldeb dri yn un, sef ewyllys, cariad, a nerth, a'r naill yn ymgyrhaeddyd erioed â'r llall, ac yn ymborthi, ac yn ymgenhedlu yn ei gilydd byth. Oni bai fod pleser cariad tragwyddol i borthi'r ewyllys anfeidrol, ni byddai neb yn gadwedig. Ac oni bai fod cynhyrfiad yr ewyllys cyntaf yn dân llosgadwy, ni byddai neb yn golledig. Ac oni bai fod y tri fel hyn yn cydweithio, ni buasai na dyn, nac angel, nac anifail, na dim arall wedi ei wneuthur. Mae rhai wedi ymesgor erioed yn y cariad drwy ysgogiad yr ewyllys, yr hwn sydd yn eu gwasgaru fel gwreichion allan ohono ei hun, ac yn eu tymheru yn nwfr y difyrrwch (yr hwn yw'r Arch). Nid yw gwreiddyn y tri ond cariad ynddo ei hun, heb gasáu neb. Ond yn yr ewyllys gweithgar hwnnw mae'r ysgogiad yn tewychu y peth sydd ynddo, ac yn gadel heibio (fel pren ei ddail, neu ddyn ei boeryn) y peth nad yw un ag ysbryd y galon. Wele, nid yw'r cigfrain yn adnabod trawiad y tant yma yn y delyn nefol. Ond deall di (O Eryr) ac fe a ddeall y colomennod hyn fwyfwy. Canys fel dyma wreiddyn y mater, a ffynnon pob peth. Dyma fôn derwen yr holl fyd gweledig hwn. Dyma y cynhyrfiad tragwyddol sydd yn achosi pob symudiad ymysg yr holl greaduriaid. Ond nid yw'r adar ar ganghennau'r pren yn meddwl pa fodd y mae'r gwreiddyn yn cynnal ei naturiaeth, a nhwythau ynddi. Yr ewyllys cyntaf yw gwreiddyn pob un (fel y mae'r wreichionen yn dyfod o'r garreg), ac mae efe ei hun yn ymgyrchu yn wastad i fynwes y mab, ac yn ymlonyddu yno yn y cariad. Ond mae llawer o'r gwreichion heb fynnu ymoeri felly, ond yn ehedeg gyda Lwsiffer yn erbyn y goleuni a'r tawelwch tragwyddol, ac yn aros yn yr ysgogiad tanllyd, heb gael esmwythdra byth, eisiau dyfod i'w geisio allan o'u naturiaeth eu hunain. Mae gallu yn yr ewyllys i ysgog, ond nid oes mo'r ewyllys gyda gallu i ddychwelyd (fel y dywad y Gigfran o'r blaen ran o'r gwir). Am hynny mae llawer yn eu gwrthod eu hunain, ac yn achwyn ar Noa. Ac er bod ei fynwes ef yn eu chwennych, mae eu mynwes danllyd hwynt yn eu dal yn eu teyrnas eu hunain. Ond (O Eryr) os cofi di ofyn ymhellach am hyn, pan fôm ni wrthym ein hunain yn y distawrwydd, mi ddangosaf yn helaethach wreiddyn pob dirgelwch. Ond yr awron dos ymlaen i chwedleua â'r Gigfran. Math. 3.17.

Eryr. Beth a ddywedi (O hen Gigfran) wrth hyn i gyd?

Cigfran. Dwfn yr awron yw rheswm y Golomen. Ac mae'ch geiriau chwi weithau agos a'm gorchfygu i. Ond (myn rhywbeth) ni byddaf i un ohonoch chi byth. Er hynny, 'rwi'n tybied be clywai y cigfrain eraill gymaint ag a glywais i, nhwy ddoent i fod o'r un grefydd â chwithau.

Eryr. Galw di arnynt i wrando arnom ni.

Cigfran. Ni wnaf (dybygwn i). Galwed y sawl a fynno arnynt. Galw dy hunan os mynni.

Eryr. Wrth hynny, nid wyt ti yn chwennych daioni i ti dy hun, nac i neb arall?

Colomen. Gad iddi (O Eryr). Y rhai a achubir a elwir. Ac dyma newydd da i rai o'r cigfrain, sef bod gan Noa gelfyddyd i droi cigfrain yn golomennod. Ac yn ddiamau fe a'i gwna. Ac yno ni elwir mwy monynt yn gigfrain ymysg adar. Mae efe yn gwneuthur y gwaethaf yn orau, ac yn gadel y blaenaf i fod yn olaf.

<small>Act.9.1,2,6, 11.</small>

<small>Math. 19.30.</small>

Eryr. Ond gad i ni chwedleua ychydig â'r Gigfran. Pa newydd sydd gennyt ti o'r tu hwnt i'r môr?

Cigfran. Mae'r colomennod yma yn hedeg ym mhob teyrnas, ac arwydd drwg yw hynny na saif y brenhinoedd. Mae llawer ohonynt hwy yn Holand, a rhai yn Ffrainc, ac ambell un yn Ysbaen, ac nid yw dda gennyf eu gweled nhwy ymhob man yn hedeg i'w ffenestri. Maen nhw hefyd mor gyflym, nad oes un gwalch yn abl i'w dal nhwy.

Eryr. Ond beth y mae'r cigfrain eraill yn ei ddywedyd yn y gwledydd rheini?

Cigfran. Mae'r hen rai yn gweled fod tro mawr ar fyd yn agos, a'r cigfrain ifainc yn dwndrio ac yn cymryd eu pleser. Mi fûm yn Rhufain y dydd arall, ac yno mi welwn y Pab yn crynu yn ei gadair. Mae hi yn llawn bryd i mi i edrych yn fy nghylch.

Eryr. A ydyw efe ym mysg y crynwyr? Pam y mae efe yn crynu?

Cigfran. Mae rhyw broffwydoliaethau yn ei ddychrynu ef. Ond mae efe yn danfon ar hyd ac ar led i geisio cadw ei blas i fyny, ac er hynny syrthio y mae. Mae ganddo yn ei nyth y cigfrain cyfrwysaf yn y byd, ac mae rhai o'r tywysogion (fel pilerau) yn ceisio ei gynnal, ond mae y rhan fwyaf yn bwdr yn y gwreiddyn, a'i grefydd yn drom ar eu hysgwyddau hwynt.

Eryr. A oes gennyt ti ddim newydd am y Twrc, ac am yr Iddewon?

Cigfran. Oes. Mae'r Twrc yntau yn rhythu llygaid, ac maen nhw yn ofni mai'r Twrc sydd yr awron a fydd yr olaf. Mewn gwledydd eraill mae afonydd a llyniau yn troi yn waed, ac mae rhyfeddodau ofnadwy yn yr wybren, fel ped fai diwedd pob peth yn agos. Beth a ddaw ohonom ni pan losger y byd? Ond am yr Iddewon, maen nhw yn edrych am seren fore, ac ar fedr codi eto uwchlaw'r holl fryniau, ac eistedd yng nghadair y byd. Ac 'rw'i'n tybied fy hun y cânt hwy godiad rhyfedd.

Eryr. Pam yr wyt ti yn meddwl felly?

Cigfran. Am y caiff yr isaf fod yn uchaf, canys mae'r byd yn troi fel olwyn certwyn.

Eryr. A oes dim newydd o'r Werddon ac o Sgotland?

Cigfran. Nac oes, ond bod sŵn mawr yn eu mysg, a'r colomennod ar yr aden ym mhob man eto. Ond mi ddywedais ormod o newydd i ti yn barod, a siwrach a fuasai i mi dewi.

Eryr. Mae gennyf ddiolch am dy newydd. Dos rhagot. Gwych yw clywed beth a ddyweto pob aderyn.

Cigfran. Nid oes ond hynny. Ond bod pilerau'r byd yn siglo, a'r tân, a'r rhyferthwy ym mhob gwlad o amgylch (oni bai hynny mi a gawswn help rhyw rai yn Lloegr cyn hyn). Ond os dywedaf wrthyt gyfrinach, fe a glyw'r Golomen.

Eryr. Mi wrantaf y gŵyr hi fwy na hyn. Ond a oes obaith o fyd da yn dy dyb di?

Cigfran. Mi ddywedais o'r blaen fy meddwl, nad oes ym mhob man ond y trechaf treisied, a'r gwannaf gwichied. Nid fy ngwaith i yw ymresymu fel hyn, ond dangos i ti mor felltigedig yw'r genhedlaeth yma o golomennod sydd yn codi eu pigau, ac 'rw'i'n tybied y dylit ti a nhwythau gwympo allan â'i gilydd, a dyna fy holl neges i. Mi ddywedwn air wrth y Golomen (oni bai fod yn sgorn gennyf) y dylai hithau edrych am ei bywyd, a sefyll ymhell oddi wrthyt, ac nid wrth dy glun di yn y modd yna. Eryr wyt ti, ac nid oes i'r adar mo'r ymgellwair â'th ewinedd llymion di.

Eryr. Mi wn i lawer o'm hynafiaid ladd llawer o golomennod; ond nid wyf i ar fedr neidio cyn edrych, na phigo ni wn i pwy, nac am ba beth.

Cigfran. Ped fawn i yma gyda th'di lawer mis, mi fedrwn ddangos newydd bob awr. Ond mae arna'i chwant burgynnod, ac fe alle fod rhyw rai yn llosgi fy nyth i. Gad i mi fyned bellach.

Eryr. Nage, nid ei di oddi yna nes dywedyd mwy o'th feddwl.

Cigfran. Beth a fynni di gyda m'fi ond hynny?

Eryr. Oni buost di y dydd arall yn Llundain yn clustfeinio beth a glywit ti?

Cigfran. Do. Mae yn Llundain bob math o adar, fel mewn coed tew (pob aderyn a'i lais). Mae yno lawer o golomennod cyflym, a hefyd o gigfrain duon, heb ddim newid lliw arnynt. Yr oeddynt yn sôn y llosgid Llundain; ond er maint y sôn, mae hi eto yn sefyll, fel y mae pethau eraill. Llawer darogan a dwyllodd ddynion, ac er hynny nid ydym ni yn ei alw yn ffals broffwyd. Canys nid ffals neb a'n bodlono ni.

Eryr. Beth a ddysgaist di yn Llundain?

Cigfran. Yr oeddwn i wrth fod allan yn yr heol yn clywed y dwndrwyr yn siarad, ond ni ddysgais i fawr, am nad oedd reswm yn eu chwedlau — yr oeddynt hwy yn rhuo uwchben eu potiau, fel sŵn tonnau'r môr, neu ddaeargwn yn cyfarth. Yr oedd trwst gwragedd yn ymgeinio yn eu mysg, a rhyferthwy fawr o eiriau, fel llif mewn afon: yr oedd gan bob un ddwy glust, ac un tafod, a hwnnw ei hun yn dywedyd mwy nag a glywse y ddwy glust, a mwy nag a welse y ddau lygad. A phan welais i hwynt yn seler dywyll eu hynfydrwydd, mi euthum heibio iddynt yn llawen eu gweled felly. Ac ni wyddent hwy mwy nag anifeiliaid. A phed fai y dynion hyn yn cerdded ar eu pedwar aelod, a'r blew yn tyfu drwyddynt, a heb fedru dywedyd dim mwy nag asyn Balaam, fe dybygai ddynion rhesymol mai anifeiliaid direswm ydynt, y rhai a wnaed i'w dal, ac i'w difetha.

Eryr. Mi wn fy hun fod llawer o lwynogod cyfrwys, ac o gathod gwylltion, ac o anifeiliaid peryglus 'rhyd y gwledydd, ac yn Llundain hefyd. Ond 'rw'i'n gofyn i ti beth yr oedd gwŷr doethion Llundain yn ei ddywedyd?

Cigfran. Yr oeddynt hwy yn dywedyd yn isel. Ac er bod gennyf glust fel aderyn arall, ni wyddwn i beth a ddywedent. Er i mi ddisgyn ar grib, neu ar fargod y tŷ, ni chawn i glywed fawr.

Eryr. Ond beth yw'r ychydig a glywaist ti?

Cigfran. Dwfn a dirgel yw cynghorion stad. Nid yw'r gwerin gwirion ymysg yr adar yn deall monynt.

Eryr. Ond a wyt ti dy hun yn eu deall?

Cigfran. Nac ydwyf, yn iawn. Nid oes chwaith neb yn nheyrnas Loegr, nac yn ninas Lundain yn ei ddeall ei hunan. Y peth a wnelont heddiw mae rhyw ysbryd yn ei ddad-wneuthur yfory. Ni wela'i ddim yn dyfod i ben yn ôl meddyliau dynion, ond mae rhyw droell arall yn troi uwchlaw synnwyr pawb. Mae'r us yn ymgasglu, a chorwynt disymwth yn ei chwalu. Mae'r pryf copyn yn hir yn gweu ei rwyd, a rhyw blantos yn ysgubo'r cwbl i lawr, a hynny mewn munud awr. Mae'r bobl (ar a wela' i) mewn odyn galch, neu fel plant yn gwneuthur tai bach ym min afon, a'r llifeiriant yn ddisymwth yn codi, ac yn ysgubo'r cwbl. Mae rhyw nerth ym mysg dynion yr awron nad oedd o'r blaen. Mae rhyw ysbryd rhyfedd yn gweithio, er nad yw'r bobl yn gweled. 'Rw'i'n dywedyd hyn wrthyt ti yn erbyn fy ewyllys, ac yn ôl fy nghydwybod.

Eryr. Pa fodd y gelli di wneuthur felly?

Cigfran. Mae llawer yn dywedyd yn erbyn eu cydwybod ac yn ôl eu hewyllys, a rhai yn llefaru yn erbyn eu hewyllys ac yn ôl eu cydwybod; felly yr wyf finnau yr awron, er nad wyf i yn arfer hynny.

Eryr. Pa ymryson sydd rhwng y gydwybod a'r ewyllys?

Cigfran. Mae'r gydwybod yn llefaru, 'Di a ddylit wneuthur fel hyn,' a'r ewyllys yn dywedyd, 'Mi fynnaf wneuthur hyn acw.' Ond yr ydym ni yn rhy fynych yn dilyn ein hewyllys, ac yn gadel ein cydwybod.

Eryr. Ond beth (meddi di) yw'r gydwybod?

Cigfran. Tyst oddi fewn, goleuni'r adar, cannwyll dynion, llais yn ein holrhain, gwalch Noa, sgrifennydd buan, cynghorwr dirgel, cyfaill tragwyddol, gwledd wastadol i rai, a phryf anfarwol mewn eraill. Ond nid da gennyf chwedleua gormod am y gydwybod yma.

Eryr. Pam hynny?

Cigfran.   Am nad gwiw i mi geisio ei dilyn. Ped fawn i yn dilyn fy nghydwybod, mi geisiwn fod fel y Golomen, ond ni alla'i aros hynny.

Eryr.   Wele, di ddywedaist ddigon, a gormod yn dy erbyn dy hunan. Mi welaf fod y brain yn myned yn erbyn eu cydwybodau eu hunain, cystal ag yn erbyn y colomennod.

Cigfran.   A wyt ti ar fedr fy rhannu i ynof fy hun, a gosod fy nghydwybod yn erbyn fy ewyllys?

Eryr.   'Rwyt ti felly yn barod (meddi di). Ond dywed i mi pa'r un ai dy gydwybod ai dy ewyllys a bery hwyaf?

Cigfran.   Och fy nghydwybod, canys nid wyf i'n barod yn cael mo'm hewyllys. Ac mae arna'i ofn y ca'i lai ohono, pan goder i'm barnu.

Eryr.   Fy nghyngor i fydde i ti edrych am y peth a barhatho yn hwyaf, a gochel y peth a dderfydd. Canys, er melysed fo, ni thâl ef ddim, oni phery fo ond munud awr.

Cigfran.   Bei gallwn i hynny, mae fy ewyllys yn ei erbyn.

Eryr.   Blin yw dy gyflwr, a blin wyt tithau yn dy gyflwr. Ni allaf i, ond fe all Un dy helpu. Er hynny, dywaid y gwir, nid yw hynny ddim ar fai.

Cigfran.   Bei dywedwn i yr holl wir, gwir yw y dywedwn i lawer yn fy erbyn fy hunan.

Eryr.   Gwyn ei fyd a'i gwnelo, ac a blyco i ddaioni. Di wyddost mai gwell yw'r wialen a blyco, na'r hon a dorro o eisiau irder a rhywiogrwydd. Mae cyfraith naturiaeth yn dysgu dynion i fyned ar ôl eu goleuni eu hunain. Rheswm a chydwybod yw dau lygad dyn naturiol, a'r dyn a dynno ei lygaid ei hun allan o'i enaid fe ddyle'r barnwr ei gosbi, nid am nad yw fo yn mynd ar ôl opiniwn crefyddol y llywodraethwr ond am ei fod ef yn mynd yn erbyn ei reswm ei hun. Ac os gwnei di yn erbyn dy oleuni, 'rwyt ti yn dy gosbi dy hun oddi fewn, ac yn peri i'r swyddogion oddi allan dy gosbi hefyd.

Cigfran. Ni alla'i wrtho. Gwnewch a fynnoch; chwi yw'r Arglwyddi dros amser gosodedig. Ond os daw fyth ar fy llaw i, mi a'i talaf i'r colomennod.

Eryr. Drwg yw hynny. Gad i Un ddial, ac na fydd fel y mae llawer dyn, fel tarw gwyllt mewn rhwyd, neu gi cynddeiriog mewn cadwyn. Maddau di i bawb, canys mae Noa yn barod i faddau i ti os doi di yn ôl. Ond nid gwiw (medd rhai) ganu i'r byddar, na rhoi cynghorion i'r cyndyn. Rhaid yw cael gwialen i gefn y ffyliaid. Ond mi dybygwn y dylit ti wybod pwy a'th wnaeth.

Diar.26.3.

Cigfran. Nid wyf i yn ymofyn fawr am hynny, ond mi wn i mi ddyfod allan o'r Arch. Ac yma yr wyf i yr awron, pa le bynnag y bwyf ar ôl hyn. Pwy a ŵyr hynny?

Eryr. Di dy hunan a ddylit fynnu gwybod, canys hir yw byth, gwerthfawr yw dy fywyd. Fe wnaed yr Arch i'th gadw di yn fyw. Na chymer mo'th wenwyno gan y cigfrain eraill, na'th dwyllo gan y sarff gnawdol.

Cigfran. Fy nhwyllo meddi di. Os oes neb ohonom yn twyllo ei gilydd, myfi sydd yn eu twyllo nhwy, canys myfi yw un o'r rhai hynaf yn y byd. Ond gad i mi fyned o'r diwedd. Pa hyd y pery y burdwn yma?

Eryr. Aros ychydig. Gorau cannwyll pwyll. Gorau synnwyr athrawiaeth. Gorau cyfrwystra i ddyn ei wadu ei hun. Gorau meddyg, meddyg enaid. Gorau defod, daioni; a hefyd, mae yn bosibl i'r gwaethaf ddysgu bod yn orau (fel y dywedodd y Golomen o'r blaen). Onid wyt ti yn cofio y diarhebion gynt? Ardd cyd bych, ardd cyn ni bych. Deuparth y gwaith yw dechrau. Ond na ad i'r nos waethaf fod yn ddiwaethaf. Ni thawdd dled er ei haros. Ni chais elw o esgeulustra. Na chais fynd i'r nef wrth fod yn chwerw. Na chais fwrw coel ar dy gelwydd. Na chais ddim lle nis dylech. Gwae oferwr, y cynhaeaf. Oni heuir, ni fedir; oni fedir, ni fwyteir. Ceisied pawb ddwfr i'w long. Ac yr awron (O hen Gigfran) onid wyt ti yn cofio y diarhebion hyn?

Cigfran. Aros dipyn. Mi welaf mai diarhebwr wyt ti. Mi dygaswn ddarfod i chwi a'r colomennod anghofio diarhebion y doethion, a'r hynafiaid, ond mi glywaf rai ar flaen eich tafodau. Mi enwaf finnau henrai eraill. Lledled rydau, waethwaeth ddeddfau. Na choll dy hen ffordd er y newydd. Y nesaf i'r eglwys, pellaf oddi wrth y baradwys. Llawer teg, drwg ei ddefnydd. Angel pen ffordd, diawl pen tân. Addaw mawr, a rhodd fechan. Pen punt, a llosgwrn dime. Da yw'r maen gyda'r efengyl. Drych i bawb ei gymydog. Pob cyffelyb a ymgais. Digrif gan bob aderyn ei lais. Hawdd cynnau tân yn lle tanllwyth. Ac ni chêl dryctir ei egin. A drwg un, drwg arall. Drwg pawb o'i wybod. Mal y dyn y bydd ei lwdn. Natur yr hwch yn y porchell. Rhy dynn a dyrr. Rhy uchel a syrth. Gwnaed aelwyd ddiffydd yn ddiffaith. O chaiff yr afr fynd i'r eglwys, hi â i'r allor. Dyma rai o'r diarhebion dysgedig sydd yn rhedeg yn fy meddwl innau.

Eryr. Ni fedri di dy hunan ddehongli dy ddiarhebion. Nid yw dy galon di yn deall mo'r peth y mae dy dafod di yn ei ddywedyd. Mi fedrwn ateb i bob dihareb ar a enwaist, ond mi a'th atebaf mewn hen ddiarhebion eraill. Mae gwehilion i'r gwenith. Nid gwradwydd gwellhau.

Ymryson â'r ffôl, di a fyddi ffolach. Gwell tewi na drwgddywedyd. Gwell pren na dyn cyhuddgar. Gwell ci da na dyn drwg. Hwyr (er hynny) y gellir dyn o'r dyniawed du. Ond dewis ai'r iau ai'r fwyall. Dysg hyd angau, ac angau i'r sawl ni ddysgo. Ni ŵyr ni ddysg. Ni ddysg ni wrendy. Ni wrendy ond y doeth tawedog. Camwrando a wna camddywedyd. A hir y cnoir tamed chwerw. Er heddwch nac er rhyfel, gwenynen farw ni chasgl fêl. A'r mud a ddywed y gwir. A llawer o ddoethineb a fu gynt ymysg y Brytaniaid.

Cigfran.   Doeth y dywedaist. Ond beth yw'r Brytaniaid mwy nag eraill?

Eryr.   Os drwg, gwaethaf. Os da, ffyddlon. Dyma'r ynys a dderbyniodd yr Efengyl gyntaf yn amser Lles fab Coel. Yma (medd rhai) y ganwyd Helen, a'i mab Constantin. Cymry, medd eraill, a ganfu America gyntaf. Brytaniaid a safasant hyd angau dros y ffydd gywir. Y nhwy y mae Esai yn eu galw asgell y ddaear (medd yr hen Israeliaid), ac o ynys Brydain yr â (medd llawer) allan dân a chyfraith a lluoedd drwy'r hollfyd.

Eseia 24.16.

Cigfran.   Och ffolineb yr Eryr yn hyn. 'Roeddit ti o'r blaen yn canlyn yn wych dy ddiarhebion, ond nid oes un o'r pregethwyr newyddion yn canlyn ei dext. Maen nhw fel gwiwerod yn neidio o'r naill gainc i'r llall, heb ŵr doeth yn eu mysg.

Eryr.   Am hyn, cofia di mai mynych y pregethodd Iachawdwr y byd ar y ddaear, weithiau ym mhen mynydd, weithiau mewn llong, weithiau mewn tŷ, ac weithiau mewn synagog. Ond nid ydym ni yn darllen iddo gymryd erioed un text o'r Bibl, ond unwaith allan o Esai. A thrwy na bo y rhain yn pregethu ond y gwir, nid oes

fater am ddilyn llythyren un text. Text
pregethwr yw gwirionedd. Testun gŵr Duw yw'r
holl Fibl. Ac mae llyfr ym mhob dyn, er na fedr
fawr ei ddarllain. Ond na phregethed, ac na
ddyweded neb ond y peth y mae efe yn barod i'w
selio â'i waed.

    Cigfran.   Gad iddo. Ni sonia'i ond hynny
am iddynt ganlyn eu Text. Ond maen nhw'n
dysgu yn erbyn y gwirionedd. Ac mae un peth a
ddyle beri i'th glustiau di ferwino. Maen nhw yn
dywedyd yn hy fod y Drindod yn aros, ac yn
cartrefu yn sylweddol ym mhob dyn da. Ac onid
yw hyn un o'r heresïau dinistriol, ni wn i beth
sydd.

    Eryr.   Beth a ddywaid y Golomen? A wyt ti
yn tybied fod hyn felly?

    Colomen.   Dyma un o'r pethau dyfnaf. Dyma
gwlwm caled, a drws wedi ei gloi a'i fario oddi
wrth oesoedd. Ond fel dyma'r gwir. Mae un
ysgrythur lân yn dywedyd fod y Tad ynom, a'r   Eff.4.6.
llall fod y Mab, a'r drydedd fod yr Ysbryd Glân   2 Cor.13.5.
ym mhob calon bur, olau, isel, nefol. Ac mae'r   Rhuf.8.9.
holl Ysgrythurau ynghyd yn dangos (a minnau a
feiddiaf ddywedyd) fod y Drindod dragwyddol
ynom ni, ac yn ein gwneuthur ni yn dragwyddol.
Ie, hefyd, oni bai fod Duw drwy ysbrydoedd
eraill, ni allent barhau byth. Ond er ei fod ef
drwyddynt ni chaiff ef ganddynt mo'r aros
ynddynt. Ond mae trindod ddrygionus arall yn
rheoli y byd.

    Eryr.   Pa beth yw trindod y byd yma?

    Colomen.   Chwant y cnawd, chwant y llygad,
a balchder y bywyd. Neu ewyllys creulon a   1 Ioan 2.16.
difyrrwch brwnt, a gallu drygionus.

    Eryr.   Beth a ddywaid y Frân wrth hyn?

Cigfran. Gad hyn heibio. Nid wyf i yn clywed yn iawn beth y mae hi yn ei ddywedyd. Ond hyn a wn i, nad ydynt hwy i gyd ond y bobl gyfyngaf eu deall yn y byd. Rhyw un gainc sydd yn eu pennau, ond nid oes mo'u calonnau hwy yn helaeth.

Eryr. Beth er hynny? Os ydynt hwy yn deall
Luc 10.42. yr un peth angenrheidiol tragwyddol, nid oes ormod mater er eu bod nhwy megis ffyliaid yng nghylch y materion a losgir ar fyrder gyda'r byd. Ond dysged pob aderyn y gainc sydd i'w chanu fyth yn y byd arall, pan fo'r byd, a'r cyfrwystra, a sŵn pob hwsmonaeth wedi pasio byth.

Cigfran. Mi welaf dy fod ti yn dioddef iddynt ddywedyd fod y Drindod ynddynt.

Eryr. Ateb di, O Golomen. Pa fodd y mae hyn? Ai trwy ysbrydoliaeth neu sylwedd?

Colomen. O Eryr, deall, mai sylwedd yw pob ysbryd, ac nad yw'r byd a welir ond cysgod
2 Cor.4.18. o'r byd nis gwelir, yr hwn sydd drwy'r byd yma: ac nid yw'r corff ond cysgod, ac megis march lliain yr ysbryd, neu wain i'r enaid a bery byth.
Col.1.27. Ond mae'r Drindod yn aros ynom yr un fath ag
Heb.3.6. y mae'r mŵn aur yn y ddaear, neu ŵr yn ei dŷ,
Gal.4.19. neu blentyn yn y groth, neu dân mewn ffwrn, neu'r môr mewn ffynnon, neu fel y mae'r enaid yn y llygad y mae'r Drindod yn y duwiol. Am hynny mae'r hen ddihareb yn cynghori, 'Na chais ymweled â'r Drindod onis ceisi yn yr undod.' A gwirionedd yw mai ym mha le bynnag (ym mhwy bynnag) y bo goleuni, a chariad, a heddwch, a phurdeb ac undeb, a nerth nefol, yno y mae'r Tri yn Un yn aros.

Eryr. Ni ddown at y pethau hyn eto. Chwedleuwn ychydig â'r Gigfran, mi a'i gwelaf hi yn anesmwyth, ac yn barod i ehedeg. Gwrando di,

Frân, ni fynnem bei allem dy ennill di i ddychwelyd gyda ni i'r Arch.

Cigfran.   Beth sydd gennych i'w hennill?

Eryr.   Mi wn i mai gwell gan Noa faddau i un a edifarhao na difa cant. Cofia Rahab o Jericho, a Saul o Tarsus, a'r lleidr ar y groes, a'r mab afradlon.

Cigfran.   Gobeithio'r gorau. Oni bai obaith fe a dorre'r galon. Gobaith ni chywilyddia.

Colomen.   Y sawl sydd â'r iawn obaith ynddo, mae efe yn ei buro ei hun: a'r gobaith ffals arall sydd, fel anadl dyn yn marw, yn dianc ymaith.   1 Ioan 3.3. Job 11.20.

Cigfran.   O Eryr, dyma'r Golomen yn ceisio rhwystro i ni obeithio, ac os derfydd am fy ffydd a'm gobaith, fe ddarfu amdanaf finnau hefyd.

Eryr.   Nid felly. Ond dangos y mae hi fod gobaith rhai fel llaw wywedig, na all helpu pan fo rheitia', neu fel angor llong heb gael gafael yn y gwaelod.

Colomen.   I ennill y Frân yn ôl, mi allwn roi fy mywyd drosti. Ac 'rw'i'n tystiolaethu fod gogoniant yn yr uchelder, ac ewyllys da i ddynion. Fe fu yr Iachawdwr ar y ddaear yn ennill Publicanod mewn cariad, ac yn dioddef gloes angau dros ei elynion. A glywodd neb erioed sôn am y fath gariad, ddarfod i un dynnu ei galon o'i fonwes, a'i lladd hi, a'i rhoi hi i'w wrthwynebwyr i'w bwyta, i'w cadw nhwy yn fyw? Dyma fel y gwnaeth y Goruchaf i achub y dynion bryntaf rhag y gwae tragwyddol. Mawr yw, os gall dyn dynnu ei lygad a'i roi i gadw yn llaw ei gyfaill. Ond O, beth a ddywedwn ni am hyd, a lled, ac uchder, a dyfnder cariad y nefoedd? Mae llawer yn gorchfygu cariad eu cymydogion drwy eu drygioni eu hunain. Ond mae hwn o'i   Luc 2.14.

ewyllys da yn talu holl ddled ei elyn â'i fywyd ei hun, ac yn ei dynnu o'r carchar, ac yn ei wisgo yn nillad ei Fab ei hunan. Mae efe yn rhedeg ar ôl y rhai sy'n dianc oddi wrtho, ac yn cusanu y rhai sydd yn poeri yn ei wyneb, ac yn cynnal yn gynnes y rhai sydd yn ceisio neidio o'i fynwes, ac yn cyd-ddwyn â'r rhai na erys wrtho. Fe ddaeth

Eff.4.9. o'r nefoedd uchaf i'r bedd isaf, i godi y pechadur drewllyd o'r domen ddaearol i'r fainc nefol. Fe gymrodd afael ar naturiaeth dyn, ac a adawodd angylion i fyned gyda'r dwfr. Ond mae un peth yn rhwystro yr aderyn du yma i ddyfod adref er a ddyweder wrthi.

Eryr. Beth a all hwnnw fod?

Colomen. Y peth gorau ar a fedd hi:
Rhuf.8.7. synnwyr y byd, a doethineb y cnawd, a rheswm naturiol, yr hwn (fel sarff dorchog) sy'n chwythu allan wenwyn yn wyneb y gwirionedd; dysg
Act.13.10. lygredig sydd raid ei dad-ddysgu, a'i datod oll cyn cael cwlwm y gwir ddisgyblion. Lleidr o'r tu fewn yw synnwyr dyn, yn cloi drws pob meddwl yn erbyn awel yr Ysbryd Glân. Dyma'r Achitophel a'r Suddas sy'n bradychu dyn i
Jer.17.9. ddwylo diafol. Mae gan bob dyn ddigon o gyfrwystra i'w dwyllo ei hunan. Dyma fwa Lwsiffer a gelyn Noa, mam rhyfeloedd, mamaeth oferedd, plentyn uffern, Diana'r byd, castell y pechod, mwg y pwll, dadleuwr dros ddrygioni, a ffynnon pob aflwydd a'r anifail mawr. Canys doethineb y byd, rheswm dyn, cyfrwystra'r henddyn, yw'r cilwg dirgel, blodeuyn y cnawd, cares anghrediniaeth, a gwaed pwdr. Dyma deyrnwialen Beelsebub, dyma ffals ddrych y ddaear, dyma eilun Babel, a brenhines y nefoedd, a chwedl meddwl cnawdol, neu ddwys feddylfryd y galon, gwadwr gwirionedd, pensaer Anghrist, afon dyn, llyw natur, a chertwyn yn dwyn dyn ar y goriwaered.

Dyma fambutain pob crefydd fastardaidd. Am Dat.17.5. hon yr wyf i yn sôn cymaint, am iddi wneuthur cymaint o ddrwg yn y byd dan rith synnwyr a dealltwriaeth. Ac nid malais ond y cyfrwystra diffaith yma sy'n lladd y Gigfran. Hwn yw'r gwynt sy'n troi melyn yr ewyllys oddi fewn.

Eryr.   Beth yr wyt ti yn ei ddywedyd yn erbyn doethineb? Mae arna'i ofn dy fod di yn amhwyllo.

Colomen.   Geiriau sobrwydd yr wyf i yn eu traethu. Nid magl i'r cyffylog yw synnwyr y cnawd, ond i'r aderyn doethaf daearol. Y dynion naturiol gorau a gollir. Am hynny gocheled pawb ei synnwyr ei hun. Ni fedr anifail hoyw ehedeg, ac nid ysbrydol yw'r naturiol, er gwyched fo yng ngolwg dynion. Mae llawer o 1 Cor.9.27. bregethwyr yn anghymeradwy ac yn golledig. Eu hathro yw synnwyr y cnawd. Maent yn sgrifennu eu pregethau, ond oni bai gyflog dynion ni wnaent bwyth o waith, ac er hynny fel gweinidogion yr Efengyl y mynnent eu hanrhydeddu. A heb law y dysgawdwyr deillion, nid oes mewn tref na gwlad ddyn llwyd llwm anllythrennog nad oes sarff yn ei fynwes, a synnwyr y cnawd yn ei galon.

Eryr.   Nid rhyfedd wrth hyn fod llawer yn golledig os yw pob dyn fel nythed o nadroedd yn llawn o feddyliau cnawdol. Ond beth a ddywaid y Frân wrth hyn?

Cigfran.   Dyma daro at y gwreiddyn. Os drwg gynghorwr, drwg ganlynwr. Os tywyll goleuni rheswm, mae'r holl gorff yn dywyll, a phob gair ar a ddywedais i erioed yn ofer. Ond (o'm rhan i) 'rw'i'n tybied fod rheswm ym mhob peth, ac mai rheswm naturiol yw'r goleuni gorau. Dyma wreiddyn y pren a blannwyd yn ddwfn. Diwreiddied y Golomen ef os gall.

Colomen. Mi wn mai dyma Solomon y byd, ond mae ysbryd gwirion y Golomen yn fwy na Solomon yn ei holl ogoniant a'i ddoethineb. Ond i ddangos i ti ddoethineb ddaearol y Frân. Ei synnwyr hi yw hyn. Dalied pawb ei eiddo, cipied pawb a allo. Safed pob dyn ar ei waelod ei hun. Na ddyweded mo'r gwir mewn cariad, ond mewn creulondeb. Na ddringed uwchlaw rheswm dyn. Canlyned y byd a'i arfer. Maged ei naturiaeth a'i gnawd a'i waed, a gwaried ei amser mewn trythyllwch. Bwytaed ac yfed a bydded lawen. Bodloned bawb er ei fwyn ei hun. Bydded ganddo ddau wyneb yn barod, a'i galon yn ddauddyblyg. Bydded gall drosto ei hunan. Onid e, marw a wna. Ond dyma ffolineb y byd. Dyma ynfydrwydd pen agored, canys nid call y dyn a'i ceisio ei hun. Y sawl sydd a dau wyneb gantho, mae un o'r ddau yn gythreulig: y neb a wenieithio ddynion sydd bwdr yn ei galon. Hawdd yw bwyta, yfed, a chwarae gormod, a dawnsio yn y cnawd ar ôl pibell yr ysbryd drwg. Ysbryd y gwaed yw cwmwl y meddwl. Arfer y byd yw'r porth llydan i ddistryw. A'r sawl na ddringo uwch ei law ei hun, ni eistedd fyth yn y nefoedd. Mae'r dyn difyr chwerthinog allan o'i gof ei hun, ac o'r tu fewn i gof y sarff. Amser dyn yw ei gynhysgaeth, a gwae a'i gwario yn ofer. Rhaid yw dofi ysbryd y cnawd, a magu bywyd ysbryd yr uchaf. Boddi a wna'r dyn na nofia yn erbyn ffrwd y wlad. Y rheswm uchaf yw'r afreswm isaf. Ni saif neb ond Un arno ei hun. Nid eiddo neb ei hunan. Cadwed pawb ei galon at Dduw. Adrodded pob un ei gydwybod yn ddoeth. Cladded dyn ei reswm ei hun. Ond dyma iaith nad oes nemor yn ei deall. Nac ofned neb arall cymaint ag ef ei hun. Oni fedri roi taw ar eraill, distawa dy hun. Pan fo mwyaf sŵn yn y byd, bydded lleiaf yn dy galon. Nac ofna ddiafol, na châr y pechod, ac na chynnwys dy hun. Na ddalied ysbryd y creadur di, ond nofia i ysbryd y Creawdwr. Cyfrif y da o'th flaen yn berl, a'th waith o'th ôl yn dom. Melys i'r cnawd yw siwgwr diafol, ond bwyta di y manna dirgel. Mochyn yw Lwsiffer yn ymdreiglo yng nghnawd dyn. Crochan hwn yw calon fudr yn berwi ar dân uffern. Gwyniau'r cnawd ŷnt feirch o ryfel; disgyn oddi arnynt, ac nac oeda. Perthen o ddrain yw rhesymau dyn, a'i gwado ei hun a ddianc ohoni. Portha dy chwant, ac fe a'th ladd. Lle y mae dynion mae angylion, lle y mae angylion y bydd dynion. Y sawl sy'n byw ynddo ei hun sy'n byw allan o fynwes y Tad. Oni elli achub eraill, dianc dy hun oddi wrthyt dy hun. Gwell yw adnabod y galon yn y byd yma, na'i bod hi yn adnabod digofaint byth. Pa fodd y gelli fod yn llonydd oni byddi ar y graig? Nid gwaeth beth a ddywedo ffyliaid, nid eu gair nhwy a saif.

Eryr.   O Golomen, dyma ddiarhebion newyddion. Yr oeddit ti gynne yn sôn am ennill y Frân, ond fe alle fod hyn yn ei gwylltio hi ymhellach.

Colomen.   Ni ellir wrth hynny. Oni ennill y gwir hi, nid oes dim a'i hennill. Llawer sy'n croeni briw pwdr, ond fe a dyr allan gwedi. Mae llynger ym mynwesau dynion, onis lleddir, hwy a laddant.

Eryr.   Helpa'r Frân, fel y gallo hi wybod hyn ynddi ei hun.

Colomen.   Nid wyf i yn gwthio ar arall y peth yr wyf i yn ei ganfod. Oni bydd tyst oddi fewn, nid yw rhesymau genau ond rhaffau gwellt. Er hynny, mae rhyw doriad anhraethadwy yn fy nghalon i wrth feddwl am golledigaeth dyn, ac wrth edrych arno yn ddall, yn fud, yn fyddar, yn dlawd, yn noeth, yn glwyfus, yn gloff, yn glaf, ie yn farw. Och, och, a dyfna' och yw tewi.

Dat.3.17.

Eryr. Onid oes help i'r Frân er hyn i gyd?

Colomen. O na wele hi y goleuni mewn
Luc 19.42. cariad! Ond mae ef eto yn guddiedig oddi wrthi.
Jer.30. Er hynny, mae golwg i'r dall, a iechyd i'r di-
15,17. feddyginiaethol. Mae'r porth cyfyng eto heb ei
gau, ac mae yn bosibl myned i mewn. Dyma'r
amser. Dyma'r dydd. Mae fe yn pasio fel
breuddwyd nos, neu saeth o'r llinyn, a phan
dorrer llinyn y bywyd ni ellir mo'i glymu eilwaith
byth.

Eryr. Ond beth os pechodd hi y pechod na
faddeuir mono yn y byd yma, nac yn y byd a
ddaw?

Colomen. Nid oes neb yn pechu felly, ond y
Job 24.13. rhai maleisus sydd yn rhyfela yn erbyn eu
goleuni eu hun, ac yn ffieiddio daioni mewn
Heb.10.27, eraill, ac yn gwybod mai daioni yw, a hefyd yn
29. parhau fel hyn yn gynddeiriog hyd ddiwedd eu
heinioes. Am hynny, 'rw'i'n rhybuddio pawb, ac
yn gweiddi ar bawb: na thybygwch fod drws y
drugaredd wedi ei gau yn eich erbyn tra fod
anadl ynoch, ac ewyllys i ddychwelyd. Ond yr
ydych eto yn dilyn y cnawd, yn canu carolau i
gyffroi eich chwantau, yn darllen llyfrau budron
anllad, ac yn gwenwyno y gwreiddyn pur, yn
dilyn tafarnau, a thablerau, a llwon, a melltith, a
gwawd, a gwatwar, yn caru chwarwyddfa diafol
(fel eidionnau uffern), yn dibrisio'r tlawd, yn
byw yn hoyw, yn nhomen masweidd-dra, yn
gwatwar sobrwydd, ac yn y tân du anweledig,
yng ngwely'r butain, mewn gwleddau a glyth-
ineb, mewn meddwdod a chwerthin, mewn cyd-
orwedd a chywilydd, mewn cenfigen ac anfod-
lonrwydd, mewn rhyfyg a chyfrwystra, mewn
gwae a gwaelod erchyll. Deffro. Cyfod. Mae
eto i ti groeso, mae gwledd nefol yn aros
amdanat. Mae bara ddigon yn nhŷ dy Dad.
Paham y byddwch feirw (O blant dynion)?

Paham y collwch chwi eich eneidiau yn yr och tragwyddol?

Eryr. Yr ydym ni yn gwrando ar hyn i gyd, ac nid yw hyn ond sŵn geiriau yng nghlustiau llawer.

Colomen. Sŵn yw hwn a bery byth, fel twrwf taranau tragwyddol mewn llawer cydwybod sydd yr awron yn gwrando ar y pethau hyn yn ddifyr, a'u calonnau yn esmwyth, ac yn chwerthinog. Fe gyfyd hyn yn eich erbyn ddydd a ddaw, chwi wrandawyr diofal. Rhaid oedd i mi ei ddywedyd, er i hyn fod yn dyst yn eich erbyn. A phwy bynnag wyt ti sydd â'r pethau hyn gennyt yn dy law, neu yn dy glust, 'rw'i yn rhoi siars arnat ti erbyn y dydd mawr sydd yn agos, ar i ti ddangos, a danfon y pethau hyn ar hyd ac ar led ymysg y Cymry a'th holl gymydogion, ac na chuddia, na chela (dan dy berygl) mo hyn oddi wrth eraill.

Cigfran. Ha! Nid yw hyn i gyd ond bygythion a breuddwyd y Golomen. Ni a fyddwn llawen tra fôm. Ac ymaith â'r meddyliau yma i ffwrdd allan o'r meddwl.

Colomen. Nhwy a ddeuant i mewn eilwaith, er i ti wneuthur dy waethaf i'w cadw allan. Nid ydys nes er anghofio'r gwir. Oni wrandewi di, fe a wrendy eraill, ac a edifarhânt, ac fe a'u cedwir hwynt, ac a'th losgir di.

Eryr. Gwrando (O Gigfran). Rhaid i mi o'r diwedd dy holi di yn ddwysach. Pam na ddoi yn ôl at dy Arglwydd?

Cigfran. Mi welaf dy fod ti yn fy erbyn i yn hollol, ond cymer Noa a'i Arch rhyngot ti a'r Golomen. Minnau a wn p'le ca'i fy swper. Mi glywaf sawyr burgynnod ar y ddaear.

Eryr. Fe dderfydd y rheini o'r diwedd, ac yno fe dderfydd amdanat tithau.

Cigfran. Nid oes fater. Mi a'u cymraf tra'u caffwyf. Ffarwel i Noa, ac i'w Arch, ac i tithau, ac i'th Golomen. Ni ddo'i atoch mwyach. Crawc, crawc. Ymaith, ymaith. Ymhell ddigon.

Eryr. Wele, mae'r Gigfran wedi hedeg a myned ymaith oddi wrthym ni yn ddigon pell. Ni gawn lonydd i ymddiddan wrthym ein hunain am y pethau a ddechreuaist. Mi welaf na ellir dywedyd pob peth ym mhob cwmni, ac nad Math.13.35. yw'r pethau dyfnion ond damhegion i'r byd byddar. 'Rw'i'n gobeithio, gan fod y Frân wedi ein gadel, yr agori di i mi ddirgelwch dy deyrnas di.

Ioan 5.30. Colomen. Ni feiddiaf fi ddywedyd fy ngeiriau fy hunan, ond oddi wrth Un, i ddangos y dwfn, ac ni fedri di mo'i ddeall er ei ddywedyd. Nid oes na dywedyd na gwrando yn iawn onis Ioan 16.14. gwneir yn ysbryd y Goruchaf. Arno fe 'rw'i'n edrych, ynddo fo rw'i'n credu, y dengys ef ei ddisgleirdeb. Am hynny dos rhagot.

Eryr. Pam mai deilen olewydd a ddygi di yn dy big, ac nid deilen oddi ar bren arall?

Sech.4.12. Colomen. Yr olew nefol a'r ennaint tra-
1 Ioan 2. gwyddol yw fy ngwlybwr i: 'rw'i'n gadel dail
20,27. mawr-dderw Basan ar fy ôl. Canys nid y dail
1 Cor.1.26. mwyaf oddi ar rai uchaf y mae Noa yn eu hoffi.

Eryr. Pam yr wyt ti yn dyfod brynhawn yn yr hwyr, ac nid yn y bore a'th newydd gennyt?

Colomen. Am mai tua diwedd y byd y pregethir yr Efengyl dragwyddol, yr hon a
Dat.14.6. guddiwyd rhag oesoedd a rhag patrieirch a
1 Tim.6.15. phroffwydi yn y dechreuad.

Eryr. 'Roedd y Gigfran (di glywaist) yn

cyhuddo y Golomen ddiwethaf na ddaeth hi fyth at Noa.

Colomen. Gwir yw. Yr eglwys ddiwethaf yw Laodicea. A gwir hefyd yw (fel y dywedaist ti) nad rhaid wrth bregethwyr wedi darfod dwfr dilyw digofaint. A'r dyddiau diwethaf yw'r dyddiau gorau i rai, a gwaethaf i eraill. Canys ynddynt y bydd rhai gwell, a rhai gwaeth, nag a fu o'u blaen hwynt erioed. Dat.3.

2 Tim.3.1.

Eryr. A wyddost ti pa fodd y bydd Dydd y Farn?

Colomen. Nid diwrnod fydd o bedair awr ar hugain, mwy na'r Dilyw. Ond fe ddaw i losgi y byd crin yma fel y darfu golchi y byd brwnt o'r blaen. 2 Pedr 3. 6,7.

Eryr. A losgir y nef a'r ddaear yn lludw ar y cyntaf yn nechreuad Dydd y Farn?

Colomen. Na wneir, mwy nag y troes y Dilyw y byd yn ddim, canys rhaid yw bod adferiad (cyn bod dinistriad) pob peth. A rhaid i'r greadwriaeth gael Saboth o orffwystra cystal â dyn, a hyn y mae'r holl broffwydi, er dechreuad y byd, yn sôn amdano, a hyn y mae pob creadur yn ochneidio ar ei ôl. Act.3.21. Rhuf.8.19, 22.

Eryr. Pa arwyddion a fydd cyn dechrau Dydd y Farn?

Colomen. Fe ddigwydd rhagarwyddion y dwfr dilyw. Fe fydd y byd yn llawn bryntni cnawdol, a ffolineb naturiol, a chamau anesgorol. Pawb yn erthwch dan ei faich, a llawer yn dilyn trindod y byd tywyll yma. Math.24. 37,38,39.

Eryr. Oni losgir ar y cyntaf yr holl anifeiliaid?

Colomen. Na wneir, mwy nag yn y Dilyw y boddwyd. Ac ychydig ddynion a achubir. Ie, ni achubir neb i gyd am fod cnawd i'w losgi gan bawb. Pan oleuo'r dydd y ceir gweled hyn yn eglurach, a deall yn well pa fath ddiwrnod fydd Dydd y Farn Olaf. Gwell yw selio y genau na dywedyd geiriau ofer i'w llosgi, neu i'w llyncu: os disgwyli am y diwrnod yn iawn, di gei ei weled yn ei wawr.

1 Cor.3.

Eryr. Ond pa fodd yr achubir y gweddillion o'r dynion?

Colomen. Wrth eu codi i'r awyr uwchlaw'r tân (fel Noa i'r Arch uwchlaw'r dwfr), sef wrth eu hatgyfodi a'u hesgyn oddi wrth yr ysbrydoedd meirw i gyfarfod â'r Arglwydd.

Thes.4.14, 17.

Eryr. A ymladd dynion ar ôl gweled y tân cyntaf?

Colomen. Ymladd â Duw (mewn meddwl) a wna'r colledig byth. Buan yr anghofiwyd y Dilyw, ac yr aethont i adeiladu Babel, ac i foelystota ar ôl Nimrod. Ac er bod angylion Duw yn nhŷ Lot, fe fynnai gwŷr Sodom (bes gallasent) eu mochi. Da yw cof Duw, yr hwn sy'n ein canfod, ac yn cynnwys pob peth ar unwaith hyd y diwedd, a thu hwnt i'r diwedd. Ond drwg yw cof dyn, yr hwn mewn munud awr sydd wedi gwerthu mawr waith Duw allan o'i law a'i goffadwriaeth ei hunan.

Gen.11.
Gen.19.

Salm.106. 13.
Dat.20.7,8.

Eryr. Ond, a wyddost ti pa bryd y dechrau Dydd y Farn?

Dat.6 & 16.

Colomen. Nid yw Noa yn rhoi cennad i weled yr awr a'r dydd dan y chweched sêl. Ond o ddechreuad y byd hyd y Dilyw yr oedd mil a chwechant ac un mlynedd ar bymtheg a deugain: felly mi a'th gynghoraf (O Eryr) i ddisgwyl, canys mae fo yn agos. Mae Seion yn esgor hefyd yn ei mynydd, a'r droell fawr ddiwethaf wedi dechrau troi yn barod yn y byd.

Eryr. Beth a ddaw ar ôl y tân cyntaf?

Colomen. Fel ar ôl y dwfr dilyw. Yn gyntaf fe wnaed cyfamod arall â'r holl greaduriaid; yn ail fe roed cyfraith newydd i warafun tywallt gwaed; yn drydydd fe wisgwyd dyn â mawrhydri, ac arglwyddiaeth i ddechrau byd newydd. Mi ddangoswn i ti (O Eryr) lawer mwy yn hyn, ond dyma ddigon i'r call dros yr awron. Gen.9. Heb.2. Eseia 11.9.

Eryr. Ond pam yr wyt ti yn dywedyd mai cyffelybiaeth o Dduw oedd Noa?

Colomen. Un yw ef yn ymgenhedlu yn dri. Efe yn unig oedd berffaith, a'r holl fyd yn ymdrolio mewn celwydd, ac o'i gariad at ei blant yn bennaf, ac at bawb, fe baratôdd Arch i gadw cynifer ag a ddoent iddi, a'r rhai a apwyntiwyd a ddaethant i mewn, ac a gadwyd. Gen.6. Ioan 3.16. Act.13.48.

Eryr. Ond er hynny gŵr pechadurus oedd Noa. Pa fodd y gallai efe fod yn arwydd o'r hwn sydd ddibechod?

Colomen. Fel yr oedd Solomon yn arwydd o'r Mab. Nid yn ei bechod yr oedd efe yn arwydd, ond yn ei berffeithrwydd. Salm.45.

Eryr. Tri yn un (meddi di) oedd ef. Ond a oes dim drwg yn dyfod oddi wrth y rheolwr cyntaf fel oddi wrth Noa?

Colomen. Nac oes. Nid oes (fel y dywedais i o'r blaen) ond cariad a goleuni ynddo, er bod dicter ac arglwyddiaeth gydag ef pa le bynnag y mae. Ac y mae ef ym mhob man yn llenwi'r nefoedd a'r ddaear. Gochel feddwl fod dim drwg ynddo, er ei fod efe yn hir yn cyd-ddwyn â'r drygioni sydd yn y byd. O Eryr, deall hyn. Canys dyma wreiddyn ymraniad holl ganghennau gwybodaeth a naturiaeth. Canys y naturiaeth dragwyddol yw ffynnon y naturiaeth amserol. Di wyddost nad yw'r gair da ynddo ei 1 Ioan 1.5. Eseia 27.4. Job 25.1,2. Rhuf.11.36.

hunan yn ddrwg, a ddêl allan o enau un a meddwl da, ond er cynted y dyweder ef, mae'r glust ddrwg yn ei ŵyro. Felly mae ysbryd y byd wedi cipio a chamu enaid dyn, er iddo ddyfod yn bur ac yn berffaith allan o'r Un daionus.

Eryr. Oni anwyd pob peth allan ohono ef cystal â dyn?

Gen.1.9, 20,24. Colomen. Naddo. Ond y Gair (yr hwn oedd yn y dechreuad) a barodd i'r ddaear esgor ar anifeiliaid, ac i'r môr ddwyn allan bysgod, ac i naturiaeth ddwyn allan bob peth ar a oedd ynddi, ar ôl ei ryw ei hun. Ond pan aeth ef i wneuthur dyn, ni pharodd ef i ddim ar a greasid mo'r esgor. Ond efe ei hunan a ddywedodd: Gen.1.26. 'Gwnawn ddyn ar ein llun a'n delw ein hun.' Am hynny, mae enaid dyn wedi dyfod o'r anfarwoldeb, ac yn myned i'r tragwyddoldeb.

Eryr. Ond pa fodd y daeth yr adar, a'r pysgod, a'r anifeiliaid, a'r dynion i ymladd, ac i ymrafaelio â'i gilydd, na fedr neb gytuno yn yr un byd?

Colomen. Fy Arglwydd Eryr. Nid oedd ar y Gen.11.1. cyntaf ond un natur yn Adda, ond hi a ymrannodd yn bedair cainc. Nid oedd chwaith unwaith ond un iaith, ond hi a dyfodd yn y ddaear yn dafodau lawer. Nid oedd ond un grefydd gynt, ond hi a rwystrwyd, ac a aeth yn opiniynau lawer i amryw dduwiau, ac am fod duwiau lawer mae rhyfel ym mhyrth yr holl Eseia 11. greaduriaid, ac ni allant gytuno â'i gilydd nes iddynt gymodi yn gyntaf â'r hwn a'u gwnaeth, a dychwelyd at Noa i'r Arch gyntaf.

Eryr. Ond pa beth yw'r Arch (meddi di) yn y dirgelwch?

Colomen. Imanwel. Yr Achubwr. Yn yr Arch yma yr oedd tair cell (sef swm pob naturiaeth), fel y mae ysbryd, ac enaid a chorff. Yma yr oedd llety i bob creadur o bob rhyw, canys y cyntafanedig o bob creadur yw. Oni bai iddo ymadeiladu yng nghnawd dyn, a dioddef dilyw digofaint, ni buase un cnawd cadwedig, na dyn nac anifail yn cael ei anadl dros awr. Allan o Arch y wirionedd yma y mae'r holl adar drwg yn ehedeg, fel y cwympodd yr angylion gynt i'r môr mawr (sef ysbryd naturiaeth), i ymborthi ar y burgynnod meirw, y rhai yw eneidiau pechaduriaid truain. *Col.1.*

Eryr. Pa beth yw'r drws a agorwyd yn ystlys yr Arch?

Colomen. Y briw yng nghalon yr Oen ar y groes, o'r hwn y daeth allan ddwfr a gwaed i lonni ac i lanhau dyn, ac mae'r briw hwnnw eto yn agored i'r dynion bryntaf. *1 Ioan 19. 34.*

Eryr. Ond yn yr Arch yr oedd casglfa o ymborth i gadw yn fyw bob anifail.

Colomen. Felly y mae yn Imanwel, nid yn unig ymborth i bechaduriaid, ac i seintiau, ond hefyd i'r angylion nefol. Ie, mae ynddo ef fwyd i fywyd yr holl greaduriaid. Oni bai hynny, ni byddai un byw. Canys ynddo ef, medd Paul, y mae pob peth yn cydymgynnal fel yr oedd pob byw yn yr Arch. *Colos.1.17.*

Eryr. Pa fodd y mae bod yn gadwedig drwyddo ef?

Colomen. Wrth atgyfodi gydag ef, uwchlaw tonnau chwantau a rhesymau y cnawd.

Eryr. Ond mae llawer yn dywedyd mai trwy fedydd y mae i ddyn fod yn gadwedig. Ac mae llawer o sôn yr awron am y bedydd.

Colomen. Mae bedydd adfyd (hwnnw yw erlidigaeth): mae hefyd fedydd dyfrllyd, hwnnw yw bedydd y Bedyddiwr gynt (yr hwn a basiodd fel y seren fore). Gyda hynny mae bedydd tanllyd ysbryd y gwyrthiau. Ond bedydd Crist yw'r un bedydd mawr, a hwnnw yw'r dwfr nefol yn yr ailenedigaeth. Heb hwn gwae ddyn. Arwydd o hwn oedd yr Arch yn y dwfr dilyw. Ac fel yr oedd rhan ohoni uwchlaw'r dwfr a rhan is ei law, felly fe ddioddefodd y Meseiah yn y cnawd, ac fe a gyfiawnhawyd yn yr ysbryd, a'i hiliogaeth ynddo. Ac fel y codwyd yr Arch uwchlaw bryniau, a'r anifeiliaid, a'r dynion colledig, felly y mae'r seintiau ar y ddaear yn eistedd ym Mharadwys yn y nefolion, fel yr oedd yr Effesiaid ysbrydol.

Eryr. Ond dywed i mi pa fodd y gostegodd gwynt y dwfr dilyw, canys mae gwynt fynychaf yn codi tonnau.

Colomen. Gwaith oedd hwn yn erbyn rheswm llawer: ac am hynny, na roed neb le i'r meddyliau duon, canys pan ddelo ysbryd y nef i mewn, efe a ostega (drwy ostwng) y dwfr dilyw sydd yn dy galon di, ac yno di gei weled pennau y bryniau, a'r meddyliau tragwyddol cariadus yn ymddangos o'r tu fewn. Gwir yw i'r gwynt lonyddu'r dwfr, ac i'r clai a'r poeryn roi golwg i'r dall, ac i Isaac farw genhedlu miloedd, ac i'r Oen o'r bedd ffrwythloni drwy'r byd. Mae'r Goruchaf yn galw y goleuni allan o'r tywyllwch, yn troi cysgod angau yn foreddydd, yn peri i ganol nos fod fel canol dydd, yn diwreiddio dyn allan ohono ei hun i'w blannu byth, yn gwneuthur y gwenwyn cryfaf yn ymborth diogelaf, yn dwyn uchder o'r dyfnder, a dyfnder i'r uchder, yn cadw y colledig, ac yn colli y rhith gadwedig. Mae efe yn gweithio tu hwnt i feddyliau dynion, ac uwchlaw doethineb angylion. Gogr yw cwrs natur yn ei law ef, a gwych ganddo wneuthur gwyrthiau.

Eryr. O Golomen dirion. Mi welaf fod Noa

wedi caniatáu i ti wybod mwy na myfi, er bod fy
llygaid i wrth naturiaeth yn cyrraedd hefyd, ac
am hynny y sawl a fynno fod yn sicr o'i   1 Cor.3.18.
iechydwriaeth bydded fel baban bach, allan
ohono ei hun, yn barod i ddysgu y llythrennau
cyntaf. Canys y rhai y mae Duw yn eu dysgu, ac
yn eu danfon, maen nhw yn ehedeg dros bob
peth, ac yn deall naturiaethau. Ac am hynny yr
wyf i yn gofyn i ti, a ydyw'r dwfr dros yr holl
fyd? Oni welaist ti na choed, na chawr, na
chastell, na chraig a'u pennau uwchlaw'r dwfr?

Colomen.   Naddo un, ym mhedair rhan y
byd. Canys rhaid yw boddi pob cnawd, ac nid
oes dim a all achub dyn ond yr Arch a wnaeth
Noa, sef yr Iesu a'r Imanwel, Duw gyda ni yn ein   Act.4.12.
cnawd.

Eryr.   Beth yw hynny? A ydyw efe yn ein
cnawd ni?

Colomen.   Ydyw, os ydym ni yn ei ysbryd ef.
Oblegid mae'r ewyllys yn y gair, a'r gair yn y
nerth, a'r nerth, a'r gair, a'r ewyllys nefol (fel y
dywedais o'r blaen) yn aros yng nghalon pob
dyn ar a gedwir.   Rhuf.10.8.

Eryr.   Ond nid oes fawr yn meddwl am hyn.

Colomen.   Ped faent yn gwybod pwy sy'n
aros ynddynt, ni châi chwant a phechod mo'r
dyfod i mewn i blas y galon, lle y mae bonedd-   1 Cor.6.19.
igion nefol yn swperu.

Eryr.   Ond pwy sy'n aros yn y rhai drwg?

Colomen.   Ysbryd anufudd-dod (Diafol a
Lwsiffer) yn cadw llys agored i'r holl chwantau   Eff.2.2.
drwg, a neuadd gaead yn erbyn daioni ym mhob
meddwl tywyll. Ac fel y mae pob calon fudr yn
grochan i'r cythrel ar dân uffern, felly mae efe   Iago 3.6.
yn ofalus i gadw tanwydd dano.

Eryr. Oni ŵyr y pechadur pwy sydd yn aros ynddo?

Salm.14. 1,3.
Colomen. Na ŵyr, mwy nag y mae'r muriau meirwon yn adnabod y trigiannydd. Canys ni fyn dyn weled y carnlladron o bechodau sydd yn

Salm.82.5. llechu ynddo, fel y gweli di'r genegoegion a'r pryfed mewn pwll drewllyd.

Eryr. Gad hyn heibio yr awron. O ba le y daeth yr holl ddwfr i foddi yr holl fyd?

Colomen. Allan o drysorau y Goruchaf.
Gen.7.11. Efe a rwygodd y dyfnder mawr yng nghalon y greadwriaeth oddi tanodd, ac a agorodd ffenestri element y dwfr oddi arnodd; a rhwng y ddau ddwfr yn un fe orchfygwyd pob cnawd, er dewred oedd. Ac ar Ddydd y Farn Olaf fe ddaw
1 Cor.3. tân ysbrydol a thân naturiol, i farnu ac i brofi'r
2 Thes.1.8. byd, oddi wrth y Goruchaf, yr hwn sydd ganddo
Job 38.25,26. yn ei drysordy y tân, a'r gwres, a'r gwynt, a'r
Salm.147.17. glaw, a'r ôd, a'r rhew. Ac ni all un cnawd aros na'i wres na'i oerni ef. Ac fel y gwnaed corff dyn
Eseia 33.14. o bedwar defnydd (sef tân, awyr, dwfr a daear) felly ni all un corff cnawdol sbario yr un o'r pedwar, na byw ar awyr heb ffrwyth y ddaear, nac yn y gwres heb ddwfr, nac yn y dwfr heb y tri eraill. Am hynny fe foddwyd pob peth ar yr oedd anadl y bywyd ynddo, ac fe ddygwyd ysbryd pob cnawd nad oedd yn yr Arch dan gaethiwed y dwfr.

Eryr. Pam y deuai y dwfr yma i foddi dynion druain heb roi rhybudd ei fod yn dyfod fel y gallent ei ochel?

2 Pedr 2.5. *Colomen.* Nhwy gawsant rybudd i gyd gan Noa (pregethwr cyfiawnder): ond 'roedd yr holl fyd yn chwerthin am ei ben ef, er bod pob dyrnod morthwyl yn bregeth yn galw ar y byd cyndyn i'r Arch.

Eryr. Pa hyd y parhaodd eu chwerthiniad hwynt?

Colomen. Nes gweled ohonynt ffynhonnau y dyfnder mawr wedi eu torri, a ffenestri'r nefoedd wedi eu hagori a'r Arch wedi ei chodi allan o'u cyrraedd hwynt. Ac yna y dychryn erchyll a'u daliodd nhwy, fel gwewyr gwraig yn esgor, ac am na fynnent mo'u helpu o'r blaen, ni ellid mo'u helpu yr awron. Job 22.16.

Eryr. Ond pa fodd y gwariasent hwy eu hamser o'r blaen?

Colomen. Yn bwyta ac yn yfed, yn cysgu, yn caru, ac yn ymbriodi. Nid yn eu gwadu eu hunain ond yn eu gwychu eu hunain, ac yn chwerthin am ben Noa a'i dylwyth. Math.24.38.

Eryr. Oni ellid eu helpu er hyn i gyd?

Colomen. Na ellid o'r diwedd, am eu bod wedi gadael i'r amser basio; ac mae amser i bob peth dan yr haul. Preg.3.

Eryr. Onid oedd eu heneidiau nhwy yn gadwedig?

Colomen. Nac oeddynt. Nhwy gollasont yr enaid gyda'r corff, y cleddyf gyda'r wain, canys mae ysbryd y gwirionedd yn dywedyd mai byd o annuwiolion oeddynt. Gen.6.11.

Eryr. Er hynny, caled yw'r gair, a garw i ti (Golomen wirion) farnu fod eu heneidiau hwynt yn golledig?

Colomen. Mae ysbryd y gwirionedd yn dywedyd yr hyn a ŵyr, a hwnnw a sgrifennodd drwy fys Pedr. 2 Pedr 2.5.

Eryr. Ond nid yw Pedr yn dywedyd eu mynd nhwy i'r tân tragywyddol, na chadwyd enaid neb ond yn yr Arch.

Act.4.12. **Colomen.** Er hynny, nid oes iechydwriaeth yn enw neb arall, ond yn enw yr Un heb yr hwn ni all neb sefyll. Ond nac ymofyn di gymaint Ioan 21.22. beth a ddaeth ohonynt hwy, ond beth a ddaw ohonot ti. Mae i ti ddigon o waith dy gadw dy hunan.

Eryr. Ond pa fodd y caiff un wybod ei fod yn yr Arch, wedi ei blannu yn yr achubwr, gan fod y rhan fwyaf allan ohono?

Colomen. Os yw'r gwir ysbryd yn rheoli 1 Ioan 5.10. ynot, fe ddengys i ti dy fod yn gadwedig. A hebddo ef ni all nac addewid nac arwydd, nac ordinhad, nac angel mo'th sicrhau di.

Eryr. Ond pa fodd y ceir adnabod y gwir ysbryd?

Colomen. Wrth ei ffrwythau nefol yn y meddyliau, a'r geiriau, a'r gweithredoedd. Nid gwiw dywedyd geiriau yn y peth yma; ond mae efe ei hunan yn selio gyda'r gydwybod. A'r sawl Rhuf.8.16. sydd yn yr Arch a ŵyr ei fod ynddi, ac mae'n hawdd iddo weled arall allan ohoni.

Eryr. Ond wrth ba enw y mae Moesen yn galw yr Arch?

Colomen. Wrth y gair Teba, ac felly y mae Moesen yn galw y llestr yr achubwyd ei fywyd ef ynddo ar y dwfr pan ddaeth merch Pharo i'w dynnu allan. I achub Noa yr oedd yr Arch; Ex.2. i wared Moesen yr oedd llestr; ac mae gan Dduw lawer o foddion i achub ei waredigion. Ond cofia fyth nad Teba, na Groeg, nac Ebryw yw gwreiddyn yr Ysgrythurau.

Eryr. Ond mae rhai yn dywedyd mai'r Arch yw'r eglwys, ac mae gwŷr duwiol dysgedig o'r meddwl hwnnw.

Colomen. Yr un yw'r pen a'r corff, yr un

yw'r gwreiddyn a'r canghennau, yr un yw'r gŵr 1 Cor.6.17.
a'r wraig, a'r ysbryd a'r enaid, a'r tân yn y Eff.5.31,32.
tanwydd; yr un yw yr hwn a sancteiddir a'r hwn Math.19.6.
a sancteiddia; ac yr un yw Crist a'i eglwys, yr hon Heb.2.11.
sydd gnawd o'i gnawd, ac ysbryd o'i ysbryd.
Y sawl sydd yng Nghrist, mae efe yn y wir eglwys
hefyd. Fe a dynnwyd Efa allan o Adda, a'r
eglwys o Grist, a Christ o gnawd yr eglwys, a'r
eglwys eilwaith o ysbryd Crist. Mae llawer yn sôn
am lawer math ar eglwys. Canys mae'r holl fyd
yn dŷ i Dduw, ac uffern a lenwir hefyd, canys
mae efe yn preswylio drwy bob peth. Nid yw
eglwysydd y plwyfolion ond ysguboriau gweigion;
llawer eglwys blwyf sydd fel corlan geifr a
buarth gwarchae defaid. Mae'r eglwysydd eraill
o ddynion fel anifeiliaid brithion, cylch-frithion, Gen.30.
mawr-frithion a mân-frithion Jacob. Nid oes
fawr eto yn siarad iaith bur Israel, ond mae
tafodiaith y ddeubar bobl yn ein mysg (fel y Nehem.13.
dywed Nehemeia). Mae'r wefus uchaf yn Israel, 24
a'r wefus isaf o Ashdod. Mae'r bobl mewn Babel.
Mae'r eglwysydd yn gollwng defni, a'r distiau yn
pydru. Mae rhai (yn sicr) fel y canwyllbrenni
aur, eraill o bres, eraill o blwm, ac er hynny
canwyllbrenni ydynt oll. Mae rhai ohonynt yn
freninesau, eraill yn ordderchwragedd, ond nid Can.6.8.
oes ond ambell un yn aros yn y tŷ gyda Mab Gal.4.30.
Duw. Ac am hynny, nid eglwys ond yr ysbrydol;
nid ysbryd ond yr ail Adda; nid teml i Dduw ond
meddwl pur dyn; nid teml barhaus i ddyn ond
yr Hollalluog, a'r Oen; nid undeb ond undeb yr
Ysbryd Tragwyddol; nid canu, nid cymun, nid
uno, nid gweddïo, nid ymaelodi mewn un
eglwys oni bydd ysbryd y Pen yn rheoli mewn
nerth. Canys proffesu maent eu bod yn adnabod Tit.1.16.
Duw, ac yn eu gweithredoedd yn gwadu fod
Duw wedi eu caru, ac yn eu gweled, ac i'w barnu.
Am hynny, dianc di allan ohonot dy hunan, ac
o'r hen balasau plwyfol, ac o'r hen eglwysydd

Dat.18.3,4. pwdr, rhag iddynt gwympo arnat, ac i tithau gwympo danynt i'r bedd a'r Pwll.

Eryr. Fe barwyd pygu yr Arch. Beth yr oedd y pyg hwnnw yn ei arwyddocáu i ni?

Colomen. Fe a'i gelwyd Copher (ond nad yw ieithoedd ond fel llais cogfrain, er bod llawer yn dotio arnynt). Y pyg yw'r heddwch a'r cytundeb rhwng dyn a'r hwn a'i gwnaeth, sef
Rhuf.3. drwy ffydd yng nghyfiawnder un arall. A'r hwn sydd yn iawn gredu, mae efe wedi ei glymu a'i
Iago 1.27. bygu i ddilyn y wir eglwys, ac nid i adel i'r byd ddyfod i mewn iddo.

Eryr. Di ddywedaist o'r blaen beth oedd y drws oedd ar yr Arch, ond beth hefyd yr oedd ffenestr yr Arch yn ei arwyddo?

Colomen. Goleuni'r Ysbryd Glân, heb yr hwn y mae dyn fel tŷ yn llawn mwg, heb un ffenestr arno i ollwng goleuni i mewn, ac ym mwg naturiaeth mae'r gwybed uffernol yn
Eseia 54.12. hedfan. Y golau yma sydd fel ffenestr o risial, mae'r haul o'r nef yn disgleirio drwyddi. Ond nid yw'r dall yn gweled mo'r ffenestr na
Math.11. goleuni'r byd. Ac ni all neb ganfod y Duwdod ond drwy'r Tad, na'r Tad ond drwy'r Mab, na'r Mab ond drwy'r Ysbryd, na'r Ysbryd ond
1 Cor.2.16. drwyddo ei hunan. Mae efe yn agoryd ffenestr yn y nef, fel y gallo dyn weled y peth sydd ym mynwes ac ym meddwl yr Oen. Mae efe hefyd yn agoryd un arall yn y galon i ddyn i weled ei
Luc 24.32. stafell ei hun, ac i hwnnw mae'r Ysgrythurau yn agored hefyd.

Eryr. Ond beth yr oedd y tair cell yn ei ddangos?

Colomen. Tair rhan dyn, sef ysbryd, ac enaid, a chorff. Tair stad yr eglwys: dan y Gyfraith, dan yr Efengyl, a hefyd dan y

Nefoedd Newydd. Tair cell yn gwneuthur un
Arch, Trindod yn undod, fel y mae dwfr, a 1 Ioan 5.8.
gwaed, ac ysbryd yn yr un wythen. Ond mae dyn
fel anifail nad yw yn ei ddeall ei hunan, nac yn
medru dychwel at Dduw.

Eryr. Ond pa fodd y gallai Noa gasglu yr
anifeiliaid a'r adar i'r Arch?

Colomen. Mae'r anifail yn well na dyn. Fe
ddaeth yr anifail i'r Arch i gadw ei fywyd, ond
dyn a foddodd yn y Dilyw. Er hynny, Duw a
heliodd yr anifeiliaid a'r adar cadwedig i mewn
drwy ysgogiad, ac wedi eu cynhyrfu, nhwy a
ddaethant o'u gwaith eu hun, a'r sawl a dywyso
ef a dywysir, a'r sawl a ddysger gan y Tad a Ioan 6.45.
ddaw at y Mab. Ac mae Ysbryd eto drwy'r byd
yn cynnull y rhai cadwedig i mewn, ac o'r
diwedd yn gadel y rhai cyndyn allan.

Eryr. Ond yr oedd yn yr Arch anifeiliaid
aflan cystal â'r rhai glân. Beth a ddywedir wrth
hynny?

Colomen. Pob cangen (medd y winwydden) Ioan 15.2.
na ddygo ffrwyth ynof i a dorrir i lawr, a phob
dyn ar y sydd yn cael ei fywyd naturiol yng
Nghrist, ar na ddyco ffrwyth i Dduw drwyddo, a
fwrir fel cyw dierth allan o nyth yr Eryr, hynny
yw, allan o gynhesfa bywyd tragwyddol. A hyn a
wneir yn y diwedd.

Eryr. Onid oedd yn hir gennym am ddyfod
allan o'r Arch ar ôl treio y dwfr?

Colomen. Di wyddost i bob un ddyfod allan
mewn trefn, y naill yn llonydd gyda'r llall, pob
un gyda'i gymar, i ddangos mai trefnus yw 1 Cor.14.
ymddygiad y rhai cadwedig. Ac fel y claddwyd,
felly y codwyd nhwy, sef nyni, gyda'r Arch.
A phan rodder y deyrnas i'r Tad, ni bydd
anhrefnustra, ond pawb a eiff i'w le, ac i'w waith

tragwyddol, yn ôl ei naturiaeth a'i weithredoedd.

Eryr. Ond wedi'r Dilyw fe a osodwyd enfys wyrddfelen yn y ffurfafen. Beth y mae honno yn ei ysbysu i ni?

Gen.9.13. *Colomen.* Mae'r bwa yn y cwmwl a'i ddeupen i wared, ac nid i fyny, i ddangos nad yw'r Tad yn ewyllysio saethu at ddynion mwyach, ond yn gollwng ei fwa i lawr yn ei law. Mae rhan o'r enfys yn wyrddlas i ddangos ddarfod boddi'r byd mewn dwfr, a rhan ohoni yn gochfelen i ddangos y llosgir y byd â thân eto.

Eryr. Ond pa fodd wrth hynny y mae dial wedi darfod, a'r bwa a'i ddeupen tuag i waered?

Colomen. Ewyllys y Goruchaf yw na phecho dyn yn ei erbyn, ac na bo rhaid iddo yntau ddial. Ond tra parhatho pechod mewn dyn, Math.3. edryched ar yr enfys a dihanged rhag y tân sydd yn dyfod.

Eryr. Ond fe fu agos i mi ag anghofio dywedyd i ti fod rhai yn ymofyn pa fodd y gwnaeth Noa yr Arch.

Colomen. Mae llawer o seiri ar waith, ac ychydig o'r rheini eu hunain yn gadwedig. Llawer sydd o filwyr, o lywodraethwyr, ac o bregethwyr, fel seiri, y rhai yn y diwedd a Phil.2.12. fyddant anghymeradwy. Am hynny gweithied dyn ei iechydwriaeth ei hun mewn ofn a dychryn. Ac am y peth a ddywedaist, dy fod ti ar anghofio hyn, mae llawer peth ynghylch yr Arch nad wyt ti yn eu gofyn na minnau yn eu hateb.

Eryr. O Golomen dirion, dangos mewn ychydig eiriau beth yw dirgelwch yr Arch.

Colomen. Yn ddiddadl, mawr yw dirgelwch yr Arch. Mawr yw cyfrinach duwioldeb.

Duw a ymddangosodd yn y cnawd, a gyfiawn-
hawyd yn yr ysbryd, a welwyd gan angylion, a 1 Tim.3.16.
bregethwyd i'r cenhedloedd, a gredwyd iddo yn
y byd, a gymrwyd i fyny mewn gogoniant, ac a
ddaw eilwaith mewn anrhydedd mawr, ac am-
dano ef yr ydym ni yn disgwyl.

Eryr. Wele, da yr atebaist. A chan ein bod
ni yma gyda'n gilydd, mewn llonyddwch, mi af
rhagof.

Colomen. O Eryr, gochel gythruddo pan
chwilier gwaelod dy friw, fel y gwna llawer;
cares cythryblaeth yw anwybodaeth. A fo diddig Salm.25.9.
fydd dysgedig.

Eryr. Mae hyn yn digio llawer, fod y ffolaf
yn barnu'r doethaf, ac yn dywedyd yn erbyn y
peth ni ddeallant.

Colomen. Gwae a alwo y goleuni yn dywyll-
wch. Ond mae rhai nefol yn canfod eclips (neu
drwnn) ar y lleuad naturiol, heb yr un ar yr haul
ysbrydol. Mae'r creadur yn ymlusgo ar ôl ei Salm.104.
oleuni: oni weli di y preniau yn tyfu heb
ymglywed â'r bywyd sydd mewn anifeiliaid?
Mae'r anifeiliaid yn symud heb adnabod y
rheswm sydd mewn dyn. Mae dynion yn ym-
goethi heb ddeall y ffydd sydd mewn seintiau ar
y ddaear. Maen nhwythau hefyd heb ddeall
fawr o fywyd angylion, a'r angylion sanctaidd eu
hunain heb allel cwbl weled pa fodd y mae'r Un
mewn Tri yn byw. Ac am hynny (fel y dywedais
o'r blaen) dod i bob peth ei le ei hun, ac di elli
weled yn hawdd nad yw synnwyr naturiol yn
medru nofio na hedeg i Arch Noa. Oni weli
di y gwŷr duon dysgedig yn ymdrybaeddu yn
chwant y cnawd, ac yn boddi yn ysbryd y gwaed, a
rhai o'r bobl anllythrennog yn hedeg ac yn cipio
castell teyrnas nefoedd drwy drais, tra fo y rhan Math.11.12.
fwyaf yn cipio drwy drais bethau'r byd yma?

Eryr. Ond er hynny, mi welaf yr un diwedd yn digwydd i'r naill ac i'r llall. Marw y mae'r duwiol yn y diwedd, ac nid yw'r annuwiol ond marw hefyd.

Colomen. Gwir yw fod corff y naill yn huno yng Nghrist, ond mae corff y llall yn pydru gyda'i enaid, fel y mae'r naill long yn boddi yn nhonnau'r môr, a'r llall yn hwylio drwyddynt. Pan fod dyn duwiol yn ymadel â'r byd, nid yw fo ond gadel ei wisg fel Joseff yn nwylo gwraig Gen.39. Potiffar, honno yw'r ddaear. Ac mae Haul y Cyfiawnder yn sugno gwres yr enaid hwnnw allan o'r corff, ac yn gadel y cnawd (fel glöyn du) i'w orchymyn i'r bedd. Ac fe a godir cyrff (neu 1 Cor.15.43. natur gorfforol) y rhai duwiol fel y cyfyd yr haul yn ei ogoniant a'i nerth. Ond am y lleill, fe fydd Eseia 66.24. eu cyrff moethus hwynt fel tomen i'r cythreuliaid i ymdrybaeddu ynddi yn dragywydd.

Eryr. Er hynny, onid oes atgyfodiad i gyrff y rhai gwaethaf?

Colomen. Fe gynhyrfir gwreiddyn pob naturiaeth unwaith eto, ond ni thâl eu cyffroad nhwy o'r bedd mo'i alw yn atgyfodiad. Canys er iddynt sefyll ar y ddaear, nhwy fynnent y pryd hwnnw gael eu cuddio dan y ddaear ac yng Dat.6. nghromlechydd y creigiau. Ni chânt mo'u codi i'r awyr i gyfarfod yr Ustus Mawr. Canys nid oedd eu heneidiau yn eu bywyd yn ymgodi i fyny, ond fel dwfr tywyll yn rhedeg ar i waered, ac yn pwyso tua'r dyfnder.

Eryr. Ond pa ry' ddyfnder yr wyt ti yn ei feddwl? Pa beth yw'r dyfnder, a'r uchder?

Colomen. O Eryr, os gwrandewi fel y dylit, Dat.21.8. di gei fwy o ddealltwriaeth. Y dyfnder yma yw'r pwll diwaelod, a hwnnw yw'r ail angau, a'r angau mawr hwnnw yw'r uffern, a'r llid anhraethadwy sy'n llosgi pechod a phechaduriaid cyndyn

fel afon o frwmstan, canys mae'r pechod lleiaf
yn cynhyrfu y digofaint mwyaf. Ac am yr Eseia 30.33.
uchder, hwnnw yw diwedd yr ailenedigaeth.
Nid oes neb a'i hedwyn ond y rhai sy'n hedeg
allan ohonynt eu hunain iddo, ac yn byw ynddo.

Eryr.   Ond ai diogel i ddynion hedeg yn
uchel? Fe alle mai pa uchaf yr ymgodant, isaf y
cwympant.

Colomen.   Gwir ddigon yw, os bydd esgyll o
gŵyr naturiaeth ganddynt, canys felly yr ehed-
odd Lwsiffer a'i lu i waelod uffern. Y balch a Luc 14.8.
ostyngir, a'r isel o galon a ddyrchefir. Ond os
calon ddrylliedig a gais adnabod dwfn gariad Salm.25.9.
Duw, hi gaiff ei dysgu, a'i chynnal, a'i chodi i
uchelderau'r Arglwydd, a'i chyfarwyddo yn
ysbryd y gwir Noa.

Eryr.   Ond yr wyt ti yn fynych yn sôn am
Noa. Pa beth yw yr Ysbryd?

Colomen.   Ysbryd y Goruchaf yw'r awel
dragwyddol, a'r seren fore, a goleuni'r byd,
ffynnon yr oesoedd, sêl y testament, anadl yr
Oen, rheolwr angylion a bywyd dynion: a'r
Ysbryd hwnnw sy'n dwyn rhai i Baradwys tra fo Phil.3.20.
eu cyrff hwy ar y ddaear.

Eryr.   Paradwys: pa le mae'r ardd honno?
Mi glywais sôn llawer amdani.

Colomen.   Ni all neb hedeg yno, ond y sawl
sydd yn rhedeg allan ohono ei hunan, sef allan Phil.3.10.
o'i ewyllys, a'i gyfrwystra, a'i ddiweddion, a'i
lwybrau ei hunan. Mae Paradwys nid ymhell
oddi wrthyt ond ym mhob man lle y mae cariad
Duw yn ymddangos. Ac mae'r holl golomennod
cywir ynddi, yn clywed geiriau anhraethadwy, Heb.12.22.
ymysg myrddiwnau o angylion ac ysbrydoedd
perffaith. A hefyd o'r tu arall, mae uffern, a'r
tân, a'r nâd, a'r tywyllwch yng nghalonnau
llawer tra fônt yma yn rhodio ar y ddaear.

Eryr. Ond gad i mi ofyn i ti. Onid oes un nef nac uffern ond sydd yn y byd yma?

Colomen. Och lawer. Mae nef dragwyddol, ac uffern fel ffwrn a bery byth. Ond er hynny mae naill ai nef ai uffern ym mhob dyn yn y bywyd hwn. Ond nid yw dyn yn gweled yma pa le y mae, mwy na gŵr yn cysgu yn ei wely sydd â llenni tywyll y cnawd o'i gwmpas, a'i holl ffenestri wedi eu cau. Ond mae'r amser i ddeffro yn agos, pan gladder neu pan losger y cnawd, ac yna mae pawb yn mynd i'w gartref, ac yn canfod ei orweddfa.

Luc 17.21.
Iago 3.6.

Eryr. Ond mae arna'i ofn hyn. Pa le y bydda'i yn oes oesoedd?

Act.24.25. Colomen. Er bod Ffelix yn crynu, nid oes fawr dan y diwedd yn ymofyn am hyn. Os dilyni naturiaeth, di gei losgi fyth heb fynd byth yn ulw. Ond os cei di naturiaeth arall, a chalon newydd, di fyddi gyda'r colomennod yn y llawenydd.

Act.26.18.

Eryr. Ai sôn a wnei di wrthyf fi am galon newydd? Parchedig oeddwn i erioed, a'm hynafiaid hefyd (fel y mae'r achau yn dangos), ac mae llawer a gawsant gred a bedydd nad oes arnynt ofn uffern mwy na thithau.

Colomen. Er hynny fe ddaw uffern heb ei hofni. Ac nid yw achau teuluoedd ond rhwyd a weuodd naturiaeth, yn yr hon y mae pryf copyn balchder yn llechu. Nid wyt ti nes er dyfod ohonot o dywysogion Cymru, onid wyt ti yn un o had Tywysog brenhinoedd y ddaear, wedi dy eni, nid o ewyllys gŵr, ond o'r Had anllygredig. Rhaid i ti, er glaned wyt oddi allan, gael newid dy naturiaeth oddi fewn, neu fe a'th losgir di yn dy blu, a'th foneddigeiddrwydd, a'th synnwyr dy hunan. Ac am gred a bedydd dyfrllyd, nid yw

Ioan 1.13.
Iago 1.18.
Act.8.13.23.

hyn fwy na gwelltyn yn y domen, oni chei di gyda hyn yr ailenedigaeth.

Eryr. Peth na wn i oddi wrthi ynof fy hunan yw'r ailenedigaeth, er i mi â'r glust sôn amdani.

Colomen. Yr ailenedigaeth yw dyfodiad dyn allan o'r naill fyd i'r llall yn y bywyd yma. Pan fo'r enaid yn yr ysbryd (mewn poen dan weiddi) yn torri drwy gwrs naturiaeth oddi fewn, heb fynnu mo'i ddal yn hwy yng nghroth y meddwl daearol, ond er gwaethaf pob creadur yn dyfod allan o dywyllwch i oleuni, allan o fryntni ysbrydol i burdeb, allan o gas i gariad, allan o gaethiwed i rydd-did nefol, allan o'r carchar i reoli, allan o helynt y byd i gymdeithas seintiau, allan o fynwes cythreuliaid i gwmni angylion Duw, allan o sŵn y cnawd i glywed llais Duw, allan o'r oferedd i sobrwydd meddwl, allan o'r chwerthiniad i brudd-der paradwysaidd, allan o'r cnawd drewllyd i'r ysbryd bywiol, ac allan o groth naturiaeth i'r Gaersalem nefol. Mae yn yr ailenedigaeth ddwy ran: un i'r enaid a'r ysbryd, am yr hon yr ydym ni yn sôn, a'r llall i'r corff yn y diwedd, yr hon a elwir mabwysiad y corff. Ac fel y mae'r corff yn y bedd heb ei eni hyd yr atgyfodiad, felly mae'r enaid yn pydru yn naturiaeth nes iddo atgyfodi gyda Christ. Ac fe wna Duw i ddyn weled ei fod ef yn gorwedd yn uffern, ac yn llechu yn y ddaear, cyn iddo ddwyn y meddwl i Baradwys. Ioan 3.3. Act.26.18. Eff.2.1,2. Rhuf.8.

Eryr. 'Rwyt ti yn sôn yn fynych am Baradwys. A wyddost di pwy sydd yno?

Colomen. Dod gennad i mi i sôn yn ddifyr am fy ngwlad a'm bro fy hunan. Rhaid i bawb sôn am ei gartref. 'Rw'i (mewn rhan) ynddi yn barod, a'r colomennod gyda m'fi fel y dywedais i ti. Luc 6.45.

Eryr.   Ond beth ped fawn i yn dy ladd di'r awron, i ba le yr ait ti?

Rhuf.8.
38,39.

Colomen.   I mewn ymhellach i'm gwlad, canys ni ellir mo'm gwthio i allan o'm naturiaeth, a naturiaeth nefol yw Paradwys.

Eryr.   A wyddost ti beth yr wyt ti yn ei ddywedyd?

Colomen.   Gwn, er na fedra'i beri i ti ddeall.

Eryr.   Onid oes arnat ti ofn marw er hyn i gyd?

Phil.1.

Colomen.   Nac oes, mwy nag ar un sydd wedi blino fynd i'w wely i orffwys. Cennad yw angau oddi wrth fy Nhad, i'm dwyn i adref allan o ysgol y byd hwn, fel allan o garchar y cnawd.

Eryr.   Ond mae ofn marw ar eraill?

Dat.6.

Colomen.   Mae iddynt hwy achos, canys pan fo angau yn marchogaeth atynt hwy, mae uffern wrth ei sgîl ef.

Eryr.   Pam nad oes arnat tithau ofn marw?

Heb.7.

Colomen.   Am fod Un arall wedi marw drosof i, a hwnnw yw fy meichiau i. A digon yw naill ai iddo ef, ai i minnau farw.

Eryr.   Oni bu efe farw dros bob un arall cystal â thithau?

Heb.2.
2 Cor.5.

Colomen.   Fe fu farw dros bawb, ac mae pawb yn cael lles oddi wrtho dros amser. Ond nid ydynt hwy yn ei garu ef, ond yn ymollwng oddi wrtho i fyw ac i farw fel Balaam. Ac oni bai iddo erioed ymroi a chytuno i farw, ni buase y byd yma yn sefyll munud awr ar ôl cwymp Adda.

Eryr.   Ond ni bu efe farw lawer blwyddyn ar ôl hynny.

Colomen. Ond deall di (O Eryr) iddo addo a bwriadu marw er sylfaeniad y byd, a'r peth a fwriado efe, mae hynny fel ped fai wedi ei wneuthur yn barod. Dat.13.8.

Eryr. Ond a fwriadodd ef wrth farw gadw pawb?

Colomen. Mae cariad y Tad yn y mab yn gwenu ar bawb, ond mae digofaint y Tad, a'i Arglwyddiaeth ofnadwy, yn gadel ac yn gwgu ar lawer. Felly y mae trugaredd a chyfiawnder yn un, ac yn mynnu eu diweddion. Nid yw'r rhain yn Nuw yn ymryson, ond yn digoni y naill y llall, ac yn ymborth yn ei gilydd erioed, fel llawenydd a thristwch yn yr un galon. Ewyllys calon y Tad (sef yr Achubwr) yw achub y pechadur, ond mae'r cynhyrfiad tragwyddol fel tân, neu fel crochenydd. Dwfn yw gwreiddyn y mater yma (fel y dangoswyd o'r blaen) a phob dysgawdwr a'i reswm ganddo, mewn amryw opiniynau. Hyn sydd ddigon i'r call, a gormod i'r gwatwarwr. Ac am y gwan ei ddeall a'r sychedig ei galon, disgwylied yn ddistaw: mae'r dydd yn gwawrio, a'r dyfnder yn ymagoryd i dderbyn i'r fynwes olau y rhai isel gofalus.

1 Tim.2.4.
2 Pedr 3.9.
Salm.101.

Rhuf.9.

Eryr. Nid yw hyn yn bodloni dim ar feddyliau rhai?

Colomen. Ni fodlonir rhai byth, nac yn y byd yma, nac yn yr hwn a ddaw. Ond bydd di fodlon yng nghariad Duw, fel y mynne efe i bawb fod. Bwyta o bren y bywyd, er bod llawer yn ymgipio am ffrwyth pren gwybodaeth da a drwg ynghyd. Digon yw i ddyn wybod hyd, a lled, ac uchder a dyfnder cariad y Goruchaf tuag at ei enaid truan; a'r holl wybodaeth arall a dderfydd ac a ddiffydd fel cannwyll pan godo y tymhestloedd olaf.

1Cor.14.38.

Eff.3.18,19.

Eryr. Ond (wrth hynny) i ba beth yr ydym

ni yn ymddiddan? Onid gwiw cael gwybodaeth, nid gwiw siarad nac ymofyn amdani?

Ioan 17.3.
Colomen. Bywyd tragwyddol yw adnabod y Tad yn y Mab, ond angau yw ei adnabod allan ohono, a gorthrymder ysbryd. Nid yw'r Tad yn ei ganfod ei hun allan o'r Mab, ond ynddo, a'r Mab ynddo yntau. Ond fel yr oedd yr Iddewon yn edrych ar y Mab allan o'r Tad (heb adnabod yr un o'r ddau), felly y mae llawer yn edrych am Dduw allan o'i ddifyrrwch a'i annwyl Fab, ac yn ei gael yn dân llosgadwy.

Eryr. O Golomen, 'rwyt ti yn rhy gyflym i mi. Ond oni fedri di fod yn falch am hynny?

Salm.100.3.
Jer.9.
Colomen. Ni fedra'i, ac ni feiddia'i fod yn falch. Canys nid fyfi a'm gwnaeth fy hunan. A'r hwn a'm gwnaeth i yn wirion ym mhob peth, iddo ef y byddo'r glod byth. Nid oes gennyf na llais, na lliw, na llun, na phluen o'm gwaith a'm gallu fy hun. Nac ymffrostied neb ynddo ei hunan ond yr hwn sydd ohono ei hunan, yn fendigedig ymysg pawb ar a'i hedwyn mewn cariad.

Eryr. Ond mae (er hynny) llawer yn hoywfeilchion, yn ymfronni, ac yn ymosod allan, orau y gallont.

Gen.3.19.
Preg.3.18.
Eseia 40.7.
Salm.138.6.
Diar.16.5.
Colomen. Er hynny, nid yw dyn ohono ei hun ond swp o wenwyn, a thelpyn o bridd, ac anifail brwnt, cysglyd, anneallus, neu welltyn glas yn gwywo, twr o esgyrn yn pydru. Gwas i ddiafol yn nhomen y cnawd. Ac a ddyle hwn (dybygi di) fod yn falch? Ie, er bod rhai yn seintiau yng nghyfiawnder yr Arch, maen nhw yn gweled nad yw eu cnawd nhwy ond blodeuyn. Ni all y Goruchaf aros llygaid a meddyliau uchel. Ac fe a ostyngir y bryniau fel Dagon a Jesabel. Canys lle y bo balchder mae ynfydrwydd,

ewyllys-gryfder, anghofustra, creulondeb, drwglygad, cenfigen, ymrafael, anfodlonrwydd, gwaed, cynnen, malais, ymladd, gwagfost, dirmyg, anair, ymgystadlu, ac ymchwyddo ym mhob drygioni.

Eryr.   Onid oes dim o'r pethau yma yn eich mysg chwi?

Colomen.   Fel y mae'r afiechyd yn yr iachaf, neu ddraen yn y troed, neu wynt yn y cylla, neu asgwrn o'i le. Mae pechod yn olrhain dyn da, i geisio ei ddal. Ond y mae meddwl dyn drwg yn dal, ac yn goddiwedd ei bechod. Mae'r naill yn marwhau, a'r llall yn magu, ei anwylchwant. Mae'r naill yn ei ofni, ac yn ei gasáu fel gelyn, a'r llall yn ei groesawu i'w feddwl fel siwgwr dan ei ddannedd. Y naill sydd yn ei chwant a'i natur fel brithyll yn y dwfr, a'r llall yn nofio allan ohono ei hunan am ei fywyd. Y naill fel yr hwch a'r afr, a'r llall fel y ddafad ddiniwed yn adnabod llais y bugail. Rhuf.7. Gal.6.1. Rhuf.8.13. Salm.18.23. Job 20.12.

Eryr.   Sôn am y bugail yr wyt ti. Ond mae llawer llais yn y byd, a sŵn rhesymau lawer. Pa fodd yr adwaenost di lais yr Ysbryd Glân ymysg y cwbl?

Colomen.   Oni wyddost ti y medr oen bach adnabod llais ei fam ei hun ymysg cant o ddefaid? Nid oes neb a fedr ddirnad y gwir Ysbryd ond y sawl sydd a'i natur ynddo, am hynny ofer yw rhoi arwyddion a geiriau i'w adnabod. Ioan 10.

Eryr.   Wrth hynny 'rwyt ti yn gadel pawb i'w feddwl ei hun.

Colomen.   Pan fo'r gwir fugail yn llefaru, a dyn yn ei glywed, mae'r galon yn llosgi oddi fewn, a'r cnawd yn crynu, a'r meddwl yn goleuo fel cannwyll, a'r gydwybod yn ymweithio fel Luc 24.

gwin mewn llestr, a'r ewyllys yn plygu i'r gwirionedd: ac mae'r llais main nefol nerthol hwnnw yn codi y marw i fyw, o'i fodd ei hunan, i wisgo'r goron, ac yn newid yn rhyfedd yr holl fywyd i fyw fel Oen Duw.

Eryr. Onid oes cnawd yn gorchfygu y gorau ohonoch?

Colomen. Nac oes. Y mae cnawd drosom ond nid yw fo yn gorchfygu monom, ond fel tŷ Saul yn myned wannach wannach. Canys y neb sydd yn yr Arch a groeshoeliasont y cnawd a'i wyniau, a'i chwantau. Maen nhw fel dynion wedi meirw i bleserau a chlod a chyfoeth y byd; nid ŷnt fywiog iddynt, nac ynddynt. Maent wedi gwywo yn eu synnwyr a'u hewyllys eu hunain, ac yno mae'r blodeuyn tragwyddol trwyddynt, ynddynt, iddynt.

Eryr. Pa beth (meddi di) yw'r cnawd yr ydym ni yn sôn amdano, gan fod llawer heb ddeall eu geiriau eu hun?

Colomen. Y cnawd yw pob peth dan yr haul ar sydd o'r tu allan i'r dyn oddi fewn. Pa beth bynnag sydd ddarfodedig, ac nad yw dragwyddol, cnawd yw. Cnawd yw synnwyr dyn, a phleser y byd. Cnawd yw chwaryddiaeth hen ac ifanc. Cnawd yw ymborth a hiliogaeth dyn. Cnawd yw amser a phob peth ar a derfynir ynddo. Cnawd yw ewyllys a dirgelwch dynion. Cnawd yw gweddïau a phregethau llawer. Cnawd yw anrhydedd gwŷr mawr ac uchder gwŷr mân. Cnawd yw pob peth ar a all dyn naturiol ei weled, a'i glywed, a'i gael, a'i gynnwys. A gwellt yw pob cnawd. Wele gwywo y mae. Nid yr un yw dros un munud. Mae anadl Imanwel yn chwythu ar y blodeuyn yma, fel ar llyseuyn gardd, yr hwn a lychwina rhwng dy fysedd. Fe elwir y cnawd yma wrth henw Henddyn, am

ei fod yn gyfrwys i dwyllo, yn hawdd i gofio, yn Eff.4.22.
anhawdd i adnabod, yn gynefin â dyn, ac fel tad
iddo. Cnawd y gelwir ef, am ei fod ef am ddyn
fel dilledyn, yn annwyl iddo, yn agos ato, yn
rhan ohono, yn tyfu ynddo, ac yn pydru wrtho. Gal.5.
Y cnawd yma yw gelyn Duw, gwenwyn dyn,
lifrai uffern, delw anifail, anwylyd pechadur,
lloches rhagrithiwr, rhwyd y pryf copyn, marsiandwr eneidiau, cartref y colledigion, a thomen
y cythreuliaid. Gwae, gwae, gwae y rhai sydd yn
byw yn y cnawd; ni all y rheini na bodloni Duw,
na bod yn gadwedig, oni ddychwelir hwynt. Rhuf.8.8.

Eryr. Pwy yw y rheini sydd yn byw yn y
cnawd yn ôl y cnawd?

Colomen. Ped fawn i yn enwi'r cwbl, mi
enwn y rhan fwyaf o holl drigolion y ddaear:
y tywysogion beilchion, yr offeiriaid mudion, y
llefarwyr myglyd, y gwrandawyr cysglyd, y proffeswyr gweigion, yr uchelwyr trawsion, y tenantiaid ffeilsion, y rhai ifainc nwyfus, y rhai hen
ofergoelus, yr ustusiaid anghyfion, yr ymofynwyr partïol, y cyfreithwyr cyfrwysddrwg, y
boneddigion briwsiongar, y tlodion rhagrithiol,
y gwerin anwybodus, yr ysgolheigion chwyddedig, y milwyr anrhesymol, y trethwyr digydwybod, y tafarnwyr anifeilaidd, y cynllyfanwyr
segurllyd, y gwŷr chwerwon, y gwragedd
anufudd, y plant cyndyn, y masweddwyr sidanog, y lladron anweledig, y llofruddion maleisus,
y cynhennus direol, yr ymladdwyr gwaedwyllt, y
godinebwyr anifeilaidd, a holl addolwyr y llythyren, a'r cyffelyb i'r rhai hyn, am y rhai y
dywedwyd o'r blaen, ac yr wyf i eto yn tystiol- 1 Cor.6.
aethu, nad y rhain yw etifeddion teyrnas Dduw. Gal.5.
Mae'r rhain yn boddi yn y cnawd, a heb adnabod
rhodfeydd ysbryd y bywyd. Meirwon oeddynt,
meirwon ydynt, a meirwon fyddant oll, oni eilw
Duw rai ohonynt.

Eryr. Beth a wna dyn i ddyfod allan o'r cnawd i'r Ysbryd Glân, ac allan ohono ei hun i fyw yn Nuw?

Colomen. Mae llawer yn ymofyn ac yn ymbalfalu dros amser, ac yn ceisio unioni cangen gam eu naturiaeth eu hunain, ond mae nerth natur fel llanw yn gorchfygu yn y diwedd. Ac yn y diwedd y mae barnu. Yn yr hwyr y bydd Dydd y Farn. Dyn a derwen a diwrnod ŷnt anhawdd eu hadnabod, ond os myn neb ei wadu ei hun a dilyn yr Oen yn yr ailenedigaeth, a pharhau hyd y diwedd, a bod yn gadwedig, na ddiffodded mo'r golau sydd yn ei gydwybod, ond chwythed ef i oleuo, a dilyned oleuni Duw, a'r seren fore ynddo, ac fe a gyfyd yr haul yn ddisglair arno.

Luc 13.23, 24.

Math.19.28.
Math.24.13.

Eryr. Pa beth yw'r seren fore honno?

Colomen. Sicrwydd gwybodaeth, gwystl yr ysbryd, siŵr lygad ffydd, ernes perffeithrwydd, sêl Jehofa, a thyst Tri yn Un; angor yr enaid, a'r cwbl pan fo dyn yn y goleuni yn adnabod cariad Duw ato, ynddo, a thrwyddo, mewn nerth a heddwch rhyfedd.

Col.2.2.

2 Pedr 1.

Eryr. O beth a wna' i gael hyn ynof fy hunan?

Luc 11.13. **Colomen.** Rhaid yw curo yn galed wrth ddrws Duw mewn gweddïau, fel cardotyn, ac nid tewi nes cael; mewn ysbryd a meddwl yn y porth bob munud, canys y sawl a'i gofynna a'i caiff.

Eryr. Ond mae llawer yn gweddïo heb fod nes. Pa bryd y mae gweddi dyn yn cyrhaeddyd mynwes Duw?

Colomen. Pan fo ysbryd Duw yn ochneidio (yn ddigymysg) mewn dyn, pan fych di yn ymroi i Dduw, ag ewyllys i geisio ysbryd Duw fel cynhysgaeth i'r enaid; a hefyd yn ymgryfhau i barhau yn daer, ac yn wancus nes i ti ei gael. Oblegid nid cnoc neu ddau sydd ddigon wrth ddrws Duw. Mae llawer cythrel nad â allan drwy ympryd a gweddi heb ffydd, na thrwy ffydd heb ympryd a gweddi. Ac mae'n agos dro mawr ar dywydd: mae taranau ysbrydol, mae daeargrynfâu ysbrydol, mae lleisiau ysbrydol, mae cenllysg ysbrydol. Mae mellt ysbrydol, mae dreigiau ysbrydol, a barn ysbrydol, ac mae'r rhain i gyd yn anweledig yn ysbryd dyn. Ymwrandawed dyn â'i galon, ac fe gaiff glywed y pethau hyn ynddo ei hunan. Mae llawer a fyddai wych ganddynt drafaelio yr holl fyd drosto, ond nid adwaenant y byd mawr helaeth yn y galon, ond mae'r bore wedi gwawrio i ddyn i'w adnabod ei hun, canys mae'r Priodfab yn barod, a'r Brenin, a'r Barnwr, wrth y drws.

Eryr. Ond mae llawer yn dywedyd er ystalm fod y Barnwr ar ddyfod, a bod ei fys ef yn codi cliced y drws er ys llawer blwyddyn. Er hynny ni wela' i mono fo eto yn ymddangos, na Dydd y Farn eto wedi dyfod.

Colomen. Mae dydd barn wedi dechrau yn barod yn y gydwybod, ac fe a'i datguddir yn yr amlwg pan ymddangoso y Duw mawr. Nid yw ef yn oedi dyfod fel y dywed rhai sydd heb ei ganfod ef, na'i gydnabod yn llenwi'r hollfyd, yn gweled pob peth, yn barnu'r teyrnasoedd, yn cyffroi yr holl naturiaethau, yn ceryddu cydwybodau, yn cyflawni proffwydoliaethau, ac yn agoryd ysgrythurau. Er i'r Iddewon ddisgwyl yn hir am y Meseia, ni dderbynient mono pan ddaeth, am na ddaeth ef yn y ffigur yr oeddynt hwy yn disgwyl amdano; felly mae fo yr awron yn barod i ddyfod i'w deml, ond pwy a all aros tân y toddydd a sebon y golchyddion? Fe ddaw, ac fe gaiff pawb ei weled, fel y dywedais i am y dilyw o'r blaen. Mal.3.1,2.

Eryr. 'Rwyt ti yn myned oddi wrth y cwestiwn a ofynnais i ti.

Colomen. Felly yr oedd Iachawdwr y byd pan ofynnid iddo lawer peth drwy synnwyr y sarff. Ac ni thâl y cnawd mo'i ateb, a'r sawl sy'n siarad llawer ymysg dynion nid yw fo yn clywed fawr o lais Duw a Pharadwys. A gwell i mi dewi na dywedyd wrth un byddar rhag dywedyd geiriau segur, canys rhaid rhoi cyfrif am bob gair diwaith.

Math.12.37.

Eryr. Beth (wrth hynny) a ddaw ohonom ni sydd yn siarad 'rhyd y dydd am y peth cyntaf a ddêl i'n pennau?

Colomen. Mae ysbryd dyn siaradus yn farch i ddiafol heb un ffrwyn yn ei safn. O pa sawl mil yn yr wythnos o eiriau segurllyd y mae pawb agos yn eu traethu? Yr holl eiriau budron, anllad, diofn, dicllon, afrywiog, anneallus, enllibiaidd, rhyddion; yr holl eiriau gwatwarus, meddwaidd, bloddestgar, sarrug, cyfrwysddrwg, drygionus; pan ddelo'r rhain i gyd fel lluoedd mewn arfau i gyfarfod y pechadur, beth a ddaw o'i obaith ef y dydd hwnnw? Am hynny, gwaedda yn fuan am yr Ysbryd Glân i fod yn borthor ar ddrws dy wefusau, cyn i ti ddywedyd gormod.

Salm.120. 3,4.

Salm.141.3.

Eryr. Ond beth os dywedais i ormod o eiriau yn barod na fedra'i gofio un o fil, er bod yr angylion wedi eu printio nhwy er cynted y daethant allan o'm genau?

Colomen. Selia dy enau o hyn allan ac agor dy gydwybod o flaen Duw, a glŷn yn galed wrth yr Arglwydd Iesu ar iddo fod yn feichiau drosot ar Ddydd y Farn, ac na chwsg ddydd na nos nes cael sicrwydd oddi wrtho. Mae ar y dledwr ofn cael ei arestio a'i ddal a'i garcharu nes iddo dalu yr hatling eithaf. Pan bechodd Adda fe

ddywedodd wrth yr Arglwydd (Jehofah): 'Mi a
glywais dy lais di yn y gydwybod, ac a ofnais, ac a   Gen.3.
ymguddiais.' Dyma fynydd Seinai a dirgelwch y
daran. Dyma gydwybod ledradaidd yn ceisio (pe
bai bosibl) ddianc o'r tu cefn i Dduw allan o'i   Job 21.15.
olwg. Ac am fod y goleuni cyhuddgar yma
mewn dyn, mae arno gywilydd wneuthur o flaen
pawb y peth naturiol nad yw'r anifail yn rhuso ei
wneuthur. Canys mae disgleirdeb delw Duw ar
enaid dyn, er na ŵyr yr enaid mo hynny yn eglur
nes torri o'r gostrel bridd, a myned o'r meddwl
allan o'r corff. Am hynny gochel di adel dim
llwgr, ac euogrwydd, ar dy gydwybod, na dim
crawn yng ngwaelod y briw. Canys os bydd llun
a delw y pechod (fel bwbach uffern) yn y
gydwybod, pob peth a'th gynhyrfa, a phob   Heb.10.22.
digwydd a'th ddychryna. Os gwnei di ddim   Lefit.26.36.
(mewn meddwl, gair, neu weithred neu ym-
ddygiad) yn erbyn dy gydwybod, mae taran yn
nesa' ynot yn dangos ei llef. Ac os pâr dy
gydwybod i ti wneuthur y peth a'r peth sydd dda
(drwy estyn bys oddi fewn a'i ddangos i ti), os ti a'i   Iago 4.17.
hesgeulusi ac a droi heibio, mae sgrifen ar dy fur
di yn peri i'th gymalau di oddi fewn siglo.
A heblaw hynny deall hyn, O Eryr, fod delwau   Esec.14.4.
ym meddwl pob dyn, a'r rheini yw lluniau pob
peth a welodd y llygad yn y byd. Maent yn
ymddangos oll megis mewn drych yn y meddwl,
a'r lluniau yma a barhânt byth onis distrywir
hwynt cyn i'r corff farw. Nid oedd ond un
ffordd ar ran Duw i'w difetha. Fe gymrodd ei
annwyl Fab a'i ddelw ei hunan, ac a'i trawodd yn
erbyn dy ddelwau di. Fe a dorrodd ei ddelw ei
hunan ac a'i lladdodd ar y groes, fel y difethid
eilunod dy galon dithau drwy nerth ysbryd y   1 Ioan 3.8.
groes. Ac os mynni di gael heddwch cydwybod, a
heddwch a barhatho byth, gwybydd y gwneir i ti
wybod pa fodd y bu Crist, sef eneiniog Duw,   Rhuf.6.
farw drosot ti, a thithau ynddo yntau, ac yntau

ynot tithau. A thrwy gredu hyn i gyd ynghyd, mae'r gydwybod yn cael ei hysgubo yn lân drwy ffydd, a'i hysgafnhau oddi wrth yr holl hen feddyliau pechodol er brynted fuont. Gwaed yr Oen sy'n golchi'r enaid, a'r dwfr gyda'r gwaed. Ac yn y dwfr a'r gwaed hwnnw oddi fewn mae rhinwedd a holl nerth Ysbryd y Duw byw tragwyddol. Dyma'r ffynnon agored yng Nghrist i ti, ac ynot ti i'w ddiodi yntau; pob peth sydd o Dduw, ac nid o ddyn, am hynny disgwyl di wrtho. Ac o achos dy fod di yn sôn am bechod y genau, ac am ddrygioni geiriau, cofia byth fod meddyliau'r galon yn eiriau sylweddol yng nghlustiau y Goruchaf; a thra fo meddyliau'r cnawd ynot ti, maen nhw fel bytheiaid yn dy ganlyn di ddydd a nos, ac yn gwneuthur sŵn amherffaith yng nghlustiau'r Barnwr. O, i ba le y dihangi di rhagddynt ond allan ohonot dy hunan? Mae un meddwl ofer yn drymach na'r holl ddaear, canys nid yw'r ddaear ond amserol, ond mae'r meddwl yn dragwyddol. A hefyd nid yw'r llais oddi allan ond adlais y sŵn oddi fewn. Ac mae meddyliau pawb agos yn rhedeg allan oddi wrth Dduw drwy y llygaid a'r clustiau at bethau gweledig darfodedig, heb fedru, a heb gael, aros i mewn i wrando ar y llais anhraethadwy yn yr ysbryd. Mae'r gelyn wedi tynnu allan lygaid a chlustiau pob dyn agos at y peth a wnaed oddi wrth yr hwn ni wnaed ond oedd erioed.

Eryr. Sôn yr wyt ti yr awron am ryw fyd oddi fewn: nid wy'n deall mo'r pethau hyn.

Colomen. Mi soniais am hyn o'r blaen. Ond nid yw rhai yn deall er dywedyd deirgwaith yr un peth, am fod y cnawd fel sachlen ddu ar ffenestri'r meddwl. 'Rwyt ti, o ddyn, yng nghanol pob naturiaeth, er nad wyt yn gweled. Na wrando ar y mesurwyr cnawdol, sy'n sôn gormod am yr un

mil ar hugain a chwechant o filltiroedd sydd yn
gwregysu yr holl fyd, ac yn bwrw fod teirmil o
ganol gwaelod y ddaear i'r wynebion, a phedwar
myrddiwn oddi yma i'r haul, a phedwar ugain
oddi wrtho ef i'r wybren, ac oddi yno i'r nef Rhuf.10.
gymaint ag i'r ddaear. Ond mae gair y ffydd yn 7,8.
swnio ynot ti. Mae'r Drindod gyda th'di. Mae
paradwys ac uffern drwy bob lle, fel y dywedais i
o'r blaen.

Eryr. Er a ddywetech di, nid yw hyn yn
mynd i'm pen i, nac i'm calon chwaith. A'r pen
yw drws y galon. Pa fodd y mae i ddyn feddwl
heb gam-feddwl am y pethau hyn?

Colomen. Ni all fod ond un anfesurol, a
hwnnw, am ei fod ef yn berffaith, rhaid iddo fod Jer.23,24.
ym mhob man ar unwaith, ac yn llefaru wrth
bawb yn wastad, yn clywed, ac yn cynnal pob
peth ar unwaith; nid rhan ohono sydd yma, a
rhan acw, canys nid oes mo'r rhannau ynddo.
Ond mae fe i gyd, ac yn gwbl, ac yn hollol, ym
mhob man ar unwaith. Am hynny y galle
Moesen chwedleua ag ef wyneb yn wyneb. Canys
yr oedd yr holl Dduwdod o flaen ei lygaid ef.
Ond ni wêl neb hyn ond y meddwl ysbrydol, fel Math.11.27.
na ellir gweled yr haul ond yn ei oleuni ei
hunan. Pwy sydd yn gweddïo, neu pwy sydd yn
pregethu, neu yn rhoi tro yn y byd, ac yn gweled
fod yr holl Dduwdod i gyd, sef y Duw mawr, a'i
holl olwg arno, ac yn deall mai lle y mae ei gariad
ef, yno y mae bywyd a pharadwys, ac lle mae ei
ddig ef, yno y mae angau ac uffern? Hwn yw'r Rhuf.11.36.
Duw anfesurol bendigedig byth, yn ymlonyddu
ynddo ei hunan, ac iddo fe bo'r glod ym mhob Deut.28.58.
man yn dragwyddol. Ni ddyle ddyn sôn am ei
enw ef heb barch a chrynfa, canys ynddo y mae
pawb yn sôn amdano. O'i flaen ef y mae'r
nefoedd yn dianc, a cher ei fron ef y mae'r Dat.6.
angylion sanctaidd yn ymguddio, ond mae Eseia 6.

Rhuf.3.14, dynion fel anifeiliaid direswm uffernol, yn
18. rhuo, yn anghofus, yn cablu, yn camarfer y gair, yn tyngu, yn drwgfeddwl, yn melltithio, yn rhegi eraill a'u heneidiau eu hunain, heb weled fod y tân anniffoddadwy wrthynt ac ynddynt. Ac mae rhai eraill (druain) yn edrych am Dduw o hirbell, a hefyd yn gweiddi amdano oddi allan, heb weled fod ffynnon a gwreiddyn ynddynt yn ceisio tarddu a thyfu drwyddynt. Canys mae fe
Ioan 1.9. gyda phob dyn er cynddrwg yw, yn goleuo pob
Eff.4.6. dyn ar sydd yn dyfod i'r byd, ond er ei fod ef drwy bawb nid yw fe yn cael aros ond yn ambell un. Y sawl sydd gantho glust i wrando, gwrandawed.

Eryr. O Golomen, onid wyt ti yn blino bellach â siarad am y pethau hyn? Ni fynnwn i mo'th flino di chwaith.

Colomen. Edrych di ar dy ragrith. On'd dydi dy hun sydd yn ceisio esgus? Nid wyt ti nes er blino, ac er rhagrithio, ac ymesguso. Nid oes dim blinder arnaf i, pethau nefol yw fy mywyd.
Job 23.12. Ac fe a'm gwnaed i o bwrpas i ddwyn tystiolaeth. A rhaid i bob llestr wasanaethu i'w ddiwedd a'i ddefnydd. Nid yw'r angylion yn blino yn canu, ac yn canmol. Ac yr ydych chwi yn gweddïo: 'Gwneler dy ewyllys ar y ddaear fel yn y nef.'

Eryr. Onid oes (er hynny) rai ohonoch chwi yn swrthdrymion?

Math.26.41. Colomen. Yr ewyllys sydd barod, ond y cnawd sydd wan. Nid yw'r dyn gwan yn blino ar ei fywyd, ond ar ei glefyd, ac eisiau bod yn gryfach; ac mae nerth newydd yn disgyn ar y
Eseia 40. llesgaf os disgwyliant amdano oddi uchod.
30,31. Y gwan a saif, a'r cryf a syrth.

Eryr. Ond beth, meddi di, a wna dyn sy'n barod i ymollwng dan ei feddwl, ac i orwedd dan ei faich yn ddigalon?

Colomen. Nhwy ddywedant, nad trom ond y ddaear, ac er trymed yw hi (er ei hoed) mae Duw yn cynnal i fyny y ddaear a'i holl gyrrau ar ei air ei hunan, a heb chwysu na diffygio. Edrych dithau arno. Hwn a ddichon gynnal dy galon dithau er trymed yw. Hwn sydd yn gosod ei fraich dan ei ŵyn. Edrych a gwêl fel y mae efe yn dwyn oddi arnat yr hen nerth, ac yn rhoi i ddynan truan nerth newydd, ac yn ei lenwi ag irder newydd (fel y mae'r gwreiddyn tra barhatho bob blwyddyn yn danfon i'r canghennau ddail a ffrwyth newydd). Canys yn y gwreiddyn y mae'r bywyd. Y tad Abraham a obeithiodd yn erbyn rheswm dan obaith; felly y gwnaeth Barac a Gideon a Habacuc, ac Esai, a llawer eraill yn ddiweddar, ac yn yr oes hon. Fe fyddai ry hir i ti glywed y cwbl, ond gwych gan bawb sôn am y peth y mae efe yn byw ynddo, ac arno. Oni elli di ddwyn i fyny dy ffyrdd a'th feddyliau, treigla dy holl hunan ar yr Arglwydd, sef arno neu tuag ato o'r hyn lleiaf, ac efe a'th gynnal di dan y maen melin. Ac os myn y Tad, rhaid i ti berchi ei Fab ef yn y cwpan chwerw, er mwyn lladd y pechodau. Rhaid yw bod yn fodlon i orwedd yn farw yn ei fedd ef cystal ag i eistedd yn ei gadair. Mae cur y meddwl yn bysygwriaeth y mae Duw yn ei roddi i rai y mae efe yn ei garu, i dynnu i lawr eu balchder. Hiliogaeth Duw yw ysbryd dyn, ac mae Tad yr ysbrydoedd yn eu cosbi. Cwympa dan ei draed ef, ac di gei gysur. *Eseia 40.28. Eseia 40.11. Rhuf.4.18. Heb.11. Diar.16.3. Salm.55.22. 1 Pedr 5.7. Heb.12.*

Eryr. Mi welaf fod y Golomen yn hedeg heb flino mewn daioni, er bod eraill fel yr hwyaid yn fuan yn cwympo i'r pyllau. Gwyn eu byd y rhai sydd heb ddiffygio wrth hedeg uwchlaw'r byd yma.

Colomen. Onid wyt ti (O Eryr) yn un o'r rheini?

Eryr. Nac ydwyf eto, ysywaeth. Nid oes

flinder wrth ofer-siarad, ond buan yr wyf i yn blino wrth sôn am bethau nefol. Ac er hynny, tra fwyf i yn dy gwmni di mi debygwn fod rhyw fath ar ddifyrrwch ysbrydol yn fy nwyn i ymlaen.

Colomen. Am hynny glŷn yng nghymdeithas y rhai nefol: hawdd yw adnabod rhagrithiwr wrth ei gymdeithion. Safnau diafol yw cymdeithion drwg, yn llyncu meddyliau'r gwirion. Gelod penagored yw'r gwŷr cyfrwysddrwg, yn sugno'r meddwl yn ddistaw i uffern allan o'i gof ei hun, ac allan o gariad Duw. Ond am gwmni da, di a glywaist o'r blaen faint a ddywedodd y Gigfran yn ei erbyn. Mae yn sicr efrau ymysg y gwenith, ac mae eto wlydd ymysg y llysiau, a Jwdas ymysg yr Apostolion, a nadroedd dwfr ymysg y pysgod, ond er hynny gwae a wrthodo dda am fod drwg wrth ei ystlys, a gwae a gamgymero y naill am y llall.

Diar.22.
24,25.
Diar.1.14,15.
Diar.4.14.

Eryr. Ond ni welaf i eto un eglwys bur i mi i uno gyda hi: nid oes un yn gwneuthur daioni, nac oes un (ac er hynny mae Un, a hwnnw, meddi, yw Crist). Ond dywed y gwir sydd dan y llen: onid yw'r eglwysydd newyddion yma cynddrwg â'r eglwysydd plwyfol gynt?

Colomen. Mi ddywedais o'r blaen fod llawer yn medru lleisio fel colomennod, ac fel cigfrain hefyd. Mae yn yr eglwysydd lawer o adar eraill. Mae'r wyddwalch, a'r forwennol, a'r barcud, a'r gog, a'r gwalch, a'r dylluan, a'r gogfran, a'r biogen, a'r gornchwigl, a'r ystlum, a'r crŷr, a'r nos frân, a'r fulfran, (a'r cyffelyb bobloedd), a'r rhai hyn wrth y gyfraith adar aflan ydynt oll. Mae hefyd ysbryd y golomen yn eu mysg yn yr eglwysydd, ond mae ysbryd y byd yn taflu cerrig ati.

Lefit.11.

Act.7.51.

Eryr. Ond beth a ddywedi am yr ysguthanod a'r cyffelyb rai sydd yn debyg i chwi eich hunain?

Colomen. Nid yw Moesen yn eu galw nhwy yn aflan, er bod gwahaniaeth. Nid wyf finnau yn eu barnu, ond yn dwyn ar gof nad sidan yw'r carth meinaf, nid aur pob disglair, nid Gilead yw Effraim, nid Asdod yw Seion, ac nid gwiw nofio a boddi wrth y lan, nid gwell rhedeg, a blino cyn diwedd. Nid nes dyn, er iddo gychwyn o'r Aifft a chael ei ladd yn y diffeithwch drwy anghrediniaeth. 'Roedd gan Iachawdwr y byd rai ceraint yn ôl y cnawd a'i gwatwarent ef. Mi ddywedais fod Duw wedi rhodio drwy dair teml yn barod, sef y Deml yng Nghaersalem o waith Salomon (a honno oedd dywyll i'r ysbryd a disglair i'r cnawd); yr ail oedd Teml corff y Mab a ddinistriwyd, ac a gyfodwyd yn ogoneddus ysbrydol; y drydedd oedd yr eglwys wych ym mhresenoldeb Duw gyda'r Apostolion; a'r eglwys nesaf yw Caersalem newydd, yr hon a gynnwys ynddi yr hen destament a'r newydd, ac eiff tu hwnt i'r ddau. Barn.12.6.
Act.26.28.
Math.24.13.
Ioan 7.3.
1 Bren.6.
Ioan 2.21.
Act.2.
Dat.21.10, 12,14.

Eryr. Ond (yn bennaf peth) dangos i mi beth yw'r bedwaredd Deml, canys mi welaf bawb agos wedi blino ar y temlau a'r gwasanaeth sydd eto.

Colomen. Y Deml olaf yw Duw mewn dynion yn ymddangos, a dynion yn ymddangos yn ei enw yntau; pan fo dynion yn addoli Duw ynddo ei hunan, ac nid mewn cyfarwyddyd dynion, a Duw ei hunan yn oll yn oll ynddynt, ac iddynt. Canys hyd yn hyn y greadwriaeth a gysgodod y Creawdwr. Ond pan ymddangoso y Duw mawr fe ddiflanna y creaduriaid. Mae fo drwy bob peth erioed, ond nid oes mo ysbrydoedd dynion ar y ddaear yn ei ganfod ef eto yn oll yn oll, ond yn chwennych y wisg yn hytrach na'r hwn sydd yn aros ynddi. Cyn gwneuthur y byd nid oedd ond Duw yn ymddangos iddo ei hunan, ac wedi difa'r byd yma ni ryfeddir neb Dat.21.22.
Tit.2.13.
1Cor.15.24.
Rhuf.1.24.
2Thes.1.10.

ond Duw. Rhai a wêl ei ddigofaint, ac eraill ei gariad ef, byth. Y dyn na welodd Dduw mewn meddwl ysbrydol, ni addolodd hwnnw mo Dduw ei hunan; ond ysbryd y byd mawr yn ei le ef y mae y rhan fwyaf yn ei addoli. Mae'r amser yn agos na bydd gan ddynion na goleuni, na hyfrydwch, na thywysog, na bugail, na phorfa, na thai, na thiroedd, na meddiannnau, na gorffwysfa, na chyfoeth, na gwybodaeth, na bywyd, na dim ond Duw ei hunan ac efe fydd ddigon, fel y dywed y ddihareb. Heb Dduw heb ddim, Duw a digon: a'r rhai sydd yn byw heb Dduw, ni bydd ganddynt ddim, pan losger y byd yma, ond eu pechodau, a'u gwewyr tragywyddol yn eu cydwybod eu hunain. Am hynny edryched dyn ar ba beth y mae fo yn gosod ei galon. Llawer o demlau yw'r achos o lawer o ymrysonau, llawer o opiniynau a adeiladasont lawer o demlau, ond yn y diwedd ni bydd ond un Deml i'r holl rai duwiol, ac ni bydd yr un i'r rhai annuwiol. Teml Duw yw corff ei Fab: teml y Mab yw ei ysbryd anfesurol, (canys yn ei ysbryd ei hun y mae fo yn byw ac nid allan). Teml yr Ysbryd Glân yw plant y deyrnas, a'u teml nhwythau yw Duw, yr hwn yw y cyntaf a'r diwethaf, sef yr holl yn oll. Y sawl a fynno fodloni Duw, arhosed yn ei Fab; y sawl a fynno ddilyn y Mab, rhodied yn ei ysbryd. Blin gan ddyn gael ei ddiddymu a'i ddiddyfnu i'w ddiddanu, ond y sawl sydd ganddo glust i wrando, gwrandawed.

Eryr. Di soniaist am glust i wrando unwaith o'r blaen. Onid oes gan bawb glust i wrando?

Colomen. Mae llawer o leisiau yng nghalon dyn. Mae sŵn y byd a'i newyddion, a'i drafferthion, a'i bleserau, a'i ddychryniadau. Mae hefyd o'r tu fewn i stafell y galon sŵn meddyliau, ac annhymerau, a llanw a thrai cnawd a gwaed. Ac fel hyn y mae'r enaid truan (fel lletу'r meddwon) yn llawn dwndwr oddi fewn, y naill chwant yn ymgoethi â'r llall, neu fel ffair neu farchnad fawr lle y mae trwst a siarad a bloddest yn llenwi heolydd y dref oddi fewn. Dyma'r achos na ŵyr dyn hanner ei feddyliau ei hun, ac nad yw fo yn clywed yn iawn beth y mae ei galon ef ei hun yn ei ddywedyd.

Eryr.   Ond pa fodd y mae i feddwl dyn gael llonydd?

Colomen. Wrth fynd i mewn i'r stafell ddirgel: a'r stafell honno yw Duw ei hunan o'r tu fewn. Ond tra fych di yn gadel i'r meddwl redeg allan drwy'r llygaid a'r synhwyrau, neu yn edrych oddi fewn ar luniau a delwau y peth a welaist neu a gofiaist, mae'r meddwl fel Lot yn gadel ei dŷ i ymresymu â'r Sodomiaid, nes i Ysbryd Duw dy gipio di i mewn i ymddiddan â Duw yn stafell y galon. A thra fo'r meddwl fel hyn o'r tu allan, mae diafol o'r tu fewn yn rhwystro y meddyliau i ddychwelyd i mewn i Dduw: ac felly mae'r enaid truan yn rhodio oddi cartref, yn gweled, ac yn chwennych, y naill beth a'r llall oddi allan, heb weled pa fath Dduw sydd oddi fewn. Ac yr awron (O Eryr) gad i mi ofyn i ti, a wyt ti yn gofyn ac yn dywedyd pob peth (dybygi di) o eigion dy galon? *Eseia 26.* *Gen.19.* *Esec.6.9.*

Eryr.   Mae'n erbyn fy ewyllys i eto ddangos fy holl feddwl i neb.

Colomen. Ond gosod at dy galon, nad oes dim dirgel ar na fydd amlwg, canys mae pob peth o flaen wyneb mawr golau Duw a'i angylion, a cherbron miloedd meddyliau'r gydwybod. A'r hyn a sisier yn y glust a bregethir ar bennau'r tai ynghanol y marchnadoedd. Yr hyn a feddylio dyn wrth orwedd ar ei wely a gyhoeddir yn y ffurfafen. Er cynted y dyweder gair mae fo wedi ei brintio yn yr awyr, ac mae'r angylion yn ei ystyn ef i'r byd arall (yr hwn yw'r naturiaeth nesaf yn dy gymydogaeth). Fe ddaw i oleuni disglair yr holl ddirgel ddychmygion, a'r llen gynghorion, a phob bryntni cornelydd, a difyriad cnawdol, a llofrudd a lledrad a llechiad ffalster, a thywyllwch, a phob gair segur (fel y clywaist di) i'r Farn. Ond ni all dyn roi cyfrif am un peth o fil, er hynny rhaid yw rhoi cyfrif. Deall di hefyd fod pob peth ynddo ei hun yn eglur yn barod. Nid oes ond cnawd, ac amser a mesur daearol, yn rhwystro i'r naill wybod meddyliau'r llall, a phan dorrer y rhain, fe gaiff pawb weled y symudiadau sydd oddi fewn. Ac yno fe gaiff pawb glod neu gywilydd o enau Duw.

Eryr. Ond er hynny mae llawer peth a ŵyr dyn na ddyle fo mo'i ddywedyd, a llawer gwir drwg ei ddywedyd.

Colomen. Gwir yw. Am hynny na ddywed air wrth neb oni bydd i'w les. Pam y troit dy dafod yn ofer mewn lleferydd, yr hwn a roddwyd i ti ac nid i anifail? Ond er cyfrwysed a fo dyn, cofied a chanfydded fod y byd yn gweled peth, a'r angylion lawer, a'r gydwybod fwy, a Duw yn gweled y cwbl ar unwaith.

Eryr. Ond pa fodd y gall un ganfod y cwbl ar unwaith?

Colomen. Di weli fod yr haul yn edrych ar yr holl wlad ac ar bob peth ynddi ar unwaith: mwy o lawer y cenfydd yr hwn a wnaeth yr haul, heb yr haul. Oni chlyw yr hwn a wnaeth y glust (heb glust)? Ac oni wêl yr hwn a luniodd y llygad heb gannwyll y llygad cnawdol? Ped fai dyn yn canfod fod y Barnwr mawr yn gweled ei holl feddyliau, a'i drofeydd, a'i lwybrau, oddi fewn ac oddi faes, ni pheche efe byth. Ond mae Lwsiffer yn cadw mwgwd y cnawd ar lygaid

meddyliau dyn, na chaiff ef ganfod mohono ei
hun nes ei bod hi yn rhy hwyr.

Eryr. Ai rhy hwyr un amser i ddyn
wellhau?

Colomen. Mae'n rhy hwyr i lawer yfory, am
fod heddiw yn rhy gynnar ganddynt. A'r sawl   Seff.3.2,3.
sy'n troi, sy'n dychwelyd weithiau heb wybod
iddo ei hun. Cafwyd fi (medd y Goruchaf) gan y
rhai ni'm ceisiasont.   Eseia 65.1.

Eryr. Beth os caledir calon dyn heddiw,
onid yw yn rhy hwyr iddo geisio troi yfory?

Colomen. Y sawl a galedir unwaith drwy-
ddo, ni chais ef byth yn iawn ddychwelyd, nes ei
fod ef yn y pwll o'r hwn ni ddaw neb allan byth.   Heb.3.

Eryr. Ond pa fodd y caiff dyn adnabod
dydd ei iechydwriaeth?

Colomen. Tra fo'r adar yn canu, tra fo'r
felin yn troi, tra fo'r gwynt yn chwythu. Tra fo'r
haearn yn dwymyn, tra fo'r awr hon yn parhau.   2 Cor.6.2.
Tra fo'r meddwl yn ymgeisio, tra fo'r gydwybod
yn rhybuddio. Cyn diffyg yr anadl, cyn cau
porth y ddinas, cyn hedeg o'r enaid, cyn torri o'r
edau, cyn cwympo'r pren. Cyn serio'r gydwy-   Preg.12.
bod, cyn diffodd y gannwyll. Cyn pasio y farn,
cyn i heddiw ddarfod. Cyn i'r munud yma fyned
heibio. Dychwelwch, O blant dynion. Pa hyd yr
oedwch gymryd bywyd?

Eryr. Mae llawer yn sôn am gael eu dal a'u
cymryd ar awr dda. Onid oes awr dda i bob un
oddi wrth y planedau?

Colomen. Mae'r planedau yn rheoli y
meddwl anifeilaidd cnawdol nes iddo fynd allan   Job 38.33.
o'r corff oddi tan yr haul. Ond mae'r dyn difrif
ysbrydol uwchlaw'r holl blanedau yn ei feddwl
yn barod, er bod ei gorff ef eto fel anifail. I'r dyn

cyndyn nid oes un awr dda, nac i'r dyn nefol un awr ddrwg.

Eryr. Ond mae ein hynafiaid ni wedi dangos i ni yn y gwrthwyneb, ac mai da yw ymgroesi.

Colomen. Nid gwiw croesi'r talcen, pan fo'r ysbryd aflan yn y galon. Mae arwydd y groes yng nghalon y dyn ffyddlon, yn croesi ei chwantau ac yn lladd ei natur lygredig, ac yn newid ei feddwl: dyna'r groes sy'n achub dyn rhag pob Gal.6.14. drwg. Ond deall nad yw'r dyn sy'n ofni Duw yn ofni'r planedau (mwy nag y mae ustus ar y fainc yn ofni y rhai sydd dano), canys mae'r dyn Hos.11.12 duwiol yn rheoli pob peth yn yr ysbryd gyda & 12.3. Duw ei hun. Ond mae'r dyn arall yn ofni ei gysgod yn fwy na Duw, am nad yw fo yn gweled Dan.3.16. drwy ffydd mo'r Goruchaf.

Eryr. Ond beth a ddywedi di am y dewiniaid a'r dewinesau? Oni wyddant hwy lawer peth dirgel?

Colomen. Os ymroi a wna rhai i ddiafol, fe Deut.18.10, ddengys iddynt yr hyn a ŵyr (gan ddysgu ei 11,13,15. blant mewn malais a drwg), ond ni ŵyr ef ei hun Iago 2.19. mo'r holl gosbedigaeth sydd i ddyfod arno, am hynny mae fo yn crynu. O'r tu arall, y rhai sydd 1 Ioan 5.18. yn ymroi i Dduw a gânt eu dysgu ganddo, ac ni all yr un drwg gyffwrdd â hwynt, am eu bod mewn byd uchel (mewn naturiaeth arall) yn rheoli gyda'r Oen, ac yn barod i farnu dynion ac angylion. O gwyn eu byd sydd wedi cael yr Dat.2.11. atgyfodiad cyntaf, canys ni all pyrth uffern ymhel â'r rheini.

Eryr. Gwyn eu byd yn sicr. Ond mae arna'i ofn fy mod i eto dan draed naturiaeth cnawd a gwaed.

Colomen. Dyma'r amser i ti i ymgodi i'r 2 Cor.6.2. uchelderau, ac i ddianc rhag gelyn wrth redeg dan groes Crist. Dyma'r dydd i dorri drwy'r cwbl; dyma'r awr i fod yn ddedwydd. Ac o na bai pawb yn gweled eu tymor, ac yn paratoi erbyn y nos a'r gaeaf sydd yn dyfod. Mae'r wennol a'r cyffylog yn adnabod eu hamser, a'r ych yn adnabod ei feddiannydd, ond mae dyn yn ffolach na'r asynnod gwylltion. Jer.8.7. Eseia 1.3.

Eryr. Rhaid i ti ddangos yn helaethach pwy sydd ddedwydd, a pha rai sydd annedwydd. Canys mae llawer math ar bobloedd a galwedigaethau. Beth hefyd a ddywedi di am y pysygwyr, ac am y gwŷr o gyfraith? Di soniaist am lawer math o rai eraill o'r blaen.

Colomen. Mae'r pysygwyr yn lladd llawer corff dyn drwy eu hanwybodaeth, neu o chwant arian (fel y mae llawer pregethwr yn lladd eneidiau): ond mae'r pysygwyr yn helpu rhai drwy rodd Duw. Os claf wyt ti, dos yn daer at Dduw, hefyd cais gan y rhai sydd yn y ffydd a'r ffafr nefol weddïo drosot ti. Ac os cynghora Duw di, dos wedi hynny at y pysygwr. Ond na ddos ato fo yn gyntaf rhag cael dy droi ymaith yn ddiobaith. Ac am y cyfreithwyr, cofia mai fel ag y mae pysygwr ffôl yn llenwi'r fynwent yn llawn o gyrff meirwon, a'r pregethwr anneallus yn llenwi'r eglwys ag opiniynau gweigion, felly y mae'r cyfreithwyr annuwiol yn llenwi'r gymanfa ag ymrysonau trawsion. Ac fel mai gorau cyfraith cytundeb, felly gorau ffordd yw dioddef cam, a bod yn isel ac yn addfwyn. Fe ddioddefodd Duw fwy o gam ar dy law di nag yr wyt ti i'w ddwyn oddi ar law dy gymydog. Iago 5. Math.2. 39,40.

Eryr. Ond os goddefaf fi bob peth, mae dynion mor anrhesymol, nhwy dynnant fy llygaid i o'm pen o'r diwedd.

Colomen. Disgwyl am gyfiawnder nid oddi wrth ddynion ond oddi wrth Dduw, ac di a'i cei Salm.98.9.

yn ddiamau. Mae'r amser yn agos iawn yn yr hon y caiff pawb ei eiddo. Nid yw'r cam y mae eraill yn ei wneuthur â th'di ond fel pigiad chwannen wrth y cam a'r gorthrymder yr wyt ti yn ei osod ar wddf dy enaid dy hun. Cofia hynny cyn mynd i'r gyfraith er dim. O mor chweinllyd annioddefgar yw llawer! Mor barod i'r gyfraith, mor amharod i'r Efengyl, yr hon a ddysg ddyn i roddi ei gochl i'r sawl a ddyco ei fantell, cyn cynhennu; canys gwell yw dioddef y cam mwyaf na bod yn y gynnen leiaf, ond bod fel oen mud
Eseia 53.7. dan law y cneifwyr, a mudan gwirion byddar ym mysg y cyhuddwyr.

Ond gwae chwi'r cyfreithwyr, mae cyfraith
Iago 3.16. a'ch ysa: gwae'r cynhennus mewn gwlad, pentewynion uffern ydynt. Gwae chwi bysygwyr llofruddiog, mae llawer och wedi mynd i'r lan
Job 20.15. arall yn eich erbyn. Gwae chwi wŷr trawsion, yn llyncu cyfoeth, rhaid i chwi chwydu'r cwbl
Salm.10.9, gyda'ch gwaed eich hunain. Gwae chwi yr uchel-
10. wyr drwg eu siamplau, yn llusgo y tlodion ar
Job 24.9. eich ôl i ddistryw. Pa fodd y rhowch chwi gyfrif am eich tenantiaid truain? Beth a ddaw ohonoch chwi pan dorrer a phan losger pob peth uchel?
Eseia 2.12. Gwae bob pren mawr a phob pren bychan ar
Math.3.10. nad yw'n dwyn ffrwyth da. Mae'r tân wedi
Sech.11.1. ennyn yng Nghymru, mae drws dy fforest di (O wlad y Brytaniaid presennol) yn agored i'r eirias dân. A hefyd mae'r fwyall ar dy wreiddyn di. Oni ddygi yr awron ffrwyth da, fe a'th dorrir
Preg.11.8,9. rhag bod yn bobl. A gwae chwi'r oferwyr, sy'n
Job 11.11. gwario eu hamser, a'u hiechyd, a'u harian, a'u meddyliau tragwyddol mewn oferedd. Gwae di
Job 24.5. lafurwr anwybodus. Dy holl waith yw cloddio'r ddaear a'i thrin, a throi'r anifeiliaid yn y mynydd, ac nhwy a gymerant eu troi gennyt ti: am hynny, tystion ŷnt yn dy erbyn. Gwae di
Diar.6.13, ddarllenwr cyfrwysddrwg, yr hwn wyt yn chwilio
15. llyfrau i ganfod lluniau neu feiau. Fe genfydd y

gwirionedd dy feiau di ac a'th farna. Gwae di ragrithiwr, yr hwn wyt yn ofni golwg dyn. Nid wyt ti yn ofni pechu yn y dirgel, di gei dy farnu yn yr amlwg. Gwae di gardotyn heinif, segurllyd, na fynni weithio er lles i neb. Lles ni cheisi, lles a golli. Gwae di gydwybod gysglyd, yr hon (fel ci mud) wyt yn bradychu dy berchennog, mae amser hir i ti i udo. Gwae chwi sy'n ymgyrchu i'r dyrfa (yn hoyw eich ysbrydoedd), yn bwyta siwgwr chwant y cnawd yng ngyrfa diafol, ac yn carowsio eich eneidiau. Ar fyrder ni bydd defnyn o ddwfr i ti i'w gael i oeri blaen dy dafod. Gwae chwi foneddigion drwg sy'n llyfu chwys y tlodion, yn peri i'ch tenantiaid ochneidio, ac yn torri eu hesgyrn. Mae amser eich gwasgfa chwi yn prysuro heb oedi. Gwae chwi offeiriaid mudion yn caru llwynogod, yn cyfarth defaid, cŵn deillion chwerwon, beilchion, diog, gwancus, chwrnllyd, cysglyd, llydlyd, drewllyd. Fe a'ch troir chwi oll allan o'r eglwys. A gwae chwi holl hen Gymry sydd eto heb eu hadnewyddu. Ond gwyn eich byd chwi sy'n hiraethus am Dduw, chwi gewch eich llenwi ag efo ynddo iddo. Gwyn eich byd chwi rai diwyd ffyddlon parhaus, chwi a gewch fendith ar eich gwaith. Gwyn eu byd y gweddïwyr diragrith, nhwy a gânt eu gwrando bob amser. Gwyn eu byd a'u gwadant eu hunain, ni wad Duw mohonynt. Gwyn eu byd a gywir heuant wenith Duw, hwy gânt fwynhau cnwd ysbrydol. Gwyn eu byd y rhai ysbrydol, canys gyda nhwy y mae cyfrinach Duw. Gwyn eu byd y gwyliadwrus, ni chaiff diafol afel arnynt. Gwyn eu byd y disgwylwyr distaw, fe ymwêl yr Arglwydd Iesu â hwynt. Gwyn eu byd y rhai a ddioddefant dros yr Oen, gyda'r Oen y teyrnasant. Gwyn eu byd y rhai a ddihunwyd ac a ddihun-anwyd, byw a wnânt yn Nuw ei hunan. Gwyn eu byd a barhânt hyd y diwedd mewn daioni, anhraethadwy yw eu

Math.23.

Diar.19.15.
Diar.6.10.

Iago 5.5.
Jer.51.39.

Amos 4.1.
Mic.3.3.

Eseia 56.11.
Jer.23.
Math.5.
Sech.10.1.
Salm.1.3.
Jer.29.13.

Marc 4.

Salm.25.14.

Salm.27.14.
Galar.3.
26,31.
2 Tim.2.12.

1 Ioan 3.24.

Dat.2.10. cyflog hwynt. Gwyn eu byd y llesg gostyngedig, toredig yw eu calonnau, canys ynddynt hwy yr
Eseia 57.17. erys Duw. Gwyn eu byd y diniwed, ni all neb eu
Phil.2.15. niweidio. Gwyn eu byd blant bychain Duw, mawr yw ei ofal amdanynt. Gwyn fyd weision
1 Ioan 2. grymus y Tad, eisteddant i wledda, a'r Oen a'u
12,13. gwasanaetha. Gwyn eu byd y rhai bodlon dioddefgar, nid oes dim a all eu cythruddo. Gwyn eu byd a arhosant yn isel, nhwy a godir yn uchel. Gwyn eu byd a nofiant yn erbyn ffrwd naturiaeth, nhwy ddônt i'r môr lle y mae'r ysbrydoedd sanctaidd. Gwyn eu byd a wnelont
Ioan 7.17. bob daioni ar a wypont, nhwy gânt wybod a fynnont, a nerth newydd fel eryrod. Gwyn eu
Heb.11.5. byd a rodiant gyda Duw (fel Enoch), Duw a'u geilw ac a'u derbyn o fysg dynion. Gwyn ei fyd
Math.5.8. y meddwl pur llonydd, fe edwyn hwnnw Baradwys a phren y bywyd. Gwyn ei fyd a ymprydio oddi wrth gnawdoliaeth, fe gaiff fwyta manna Duw. Gwyn ei fyd a wrthodo holl bleserau'r cnawd, efe a yf o afon Duw. Ac (mewn un gair)
Dat.21.7. gwyn ei fyd yr ailenedig. Hwnnw a anwyd i etifeddu pob peth. Duw sydd yn Dad iddo, ac yntau yn blentyn annwyl i Dduw. Yr Oen fydd ei
Dat.7.17. oleuni, ac yntau fydd oleuni yn yr Arglwydd. Ni
Eff.5. all dim ei ddrygu, ond pob peth a gydweithia er lles iddo. Pan na allo ddal ei afael ar Dduw, fe
Rhuf.8.28. ddeil Duw ei afael ar ei had ynddo ef. Fe gaiff orffwys byth yng nghalon Duw (yr hon yw ei Fab) pan fo llawer eraill byth yn ffrio ar y llechau duon tanllyd, yn farw heb fyw, yn fyw heb farw, yn dragwyddol. Ond ni all yr ail angau niwed i'r ailenedig, ac nid oes dafod angel a all gyfrif yr holl drysorau sydd ynghadw yn Nuw cyn dechreuad y byd i'r enaid hwnnw. Ond efe
1 Cor.2.9. a'i cenfydd ac a'i caiff, a'i waith ef fydd eu cyfrif a'u mwynhau yn dragwyddol. Wele'r awron, dyma'r felltith a'r fendith. Wele dyma fynydd Ebal a mynydd Garisim. Dyma angau ac fel

dyma fywyd. Dewis di (o ddyn) fywyd ac nid angau.

Eryr.   Dywed i mi, pa fodd y cymera'i afael ar y bywyd?

Colomen.   Mae'r addewid yn perthyn i ti wrth dy enw, os cedwi afael ynddi. Dy enw di (wrth naturiaeth) yw Drygddyn annwuiol; y Pechadur ffiaidd, creulon; Carcharwr dall, byddar; i'r rhain wrth eu henwau yn yr Ysgrythur y mae gair yr addewid. Ie, er bod yr enaid yn wan heb allel cymryd gafael ar y cyfamod, fe gymer cyfamod Duw afael ar yr enaid. Canys yn enw'r Mab y caiff y cenhedloedd ymddiried. Ac os dywedodd ef y cei di lynu yn y Mab, beth er dywedyd o'r gelyn na chei di? Nid gair y gelyn a saif. 1 Tim.1.13. Rhuf.4.5. Dat.3.17,18. Math.12.21.

Eryr.   Atolwg dangos i mi, beth yw'r cyfamod newydd?

Colomen.   Cytundeb rhwng Duw a'i Fab dros ddyn, a rhwng Duw a dyn drwy waed yr Oen. Cariad yw Duw ac ewyllys da at ddyn. Ac er darfod i ddyn ei adel ef, a dewis y cythrel yn dywysog iddo yn ysbryd y byd mawr yma, eto fe a glywodd Duw arno gymryd ei Fab (a'i galon annwyl) o'i fynwes, ac fe a'i rhoddodd i farw (fel gwenithen yn y ddaear) i borthi llawer. Rhodd fawr anhraethol yw Crist, a rhodd fawr yw llaw ffydd i'w dderbyn; ni all neb ei phrynu ond fe all y tlotaf ei derbyn. Llawer a ddywedir ynghylch y cyfamod newydd, ac am hynny ni ddywedaf i ond hyn yr awron; mai drwy rinwedd hwn y mae'r pechadur yn eiddo Crist, a Christ yn ei eiddo yntau. Mae Duw yn ymroi drwy Grist i ddyn, a dyn yn rhaid iddo ymroi drwy Grist i Dduw. Ac felly mae pob peth ar sydd gan Dduw (oll yn oll) yn eiddo dyn: ac eiddo dyn pechadurus, sef ei holl ewyllys a'i feddyliau, yn eiddo 1 Ioan 4.10. Rhuf.5.8. Ioan 12.24. Rhuf.8,32. Eseia 55,1. Can.2.16.

ysbryd Duw. 'Eiddof fi (medd y Tad wrth Grist) yw'r eiddot ti.' Ac medd yntau wrth y pechadur; 'Eiddof fi yw holl eiddo'r Tad, ac eiddot ti yw fy eiddof fi, a'm heiddof fi wyt ti o ddyn. Myfi a'th brynais. Rhaid i mi dy gael a'th gymryd. A rhaid i tithau gael ffydd gennyf i i'm cael ac i'm cymryd innau. Dyma swm y Cyfamod Newydd.'

Ioan 17. 6,10.

Eryr. Ond beth yw'r ffydd yma y sonnir amdani?

Colomen. Ysbrydoliaeth ryfeddol, nid yn unig i gredu mai'r Iesu yw Crist, ond hefyd mai'r Crist yma yw anwylyd a brenin a bywyd dy enaid ti: a darfod i'r Iesu farw drosot ti i fyw ynot ti, ac i'th ddwyn yn ddioed at Dduw i'r gwreiddyn yn y Drindod nefol, o'r hwn yr ehedodd dyn allan drwy gwymp Adda. Pan fo'r enaid yn canfod hyn iddo ei hun, ac yn cynnwys hyn ynddo ei hun, dyna ddyn yn credu ychydig. Dyna gannwyll yn dechrau goleuo. Ni ddiffoddir moni.

Eff.2.8.
Ioan 20.28.
1 Pedr 3.18.

Eryr. Ond pam wyt ti mor fynych yn dywedyd mai Crist yw calon Duw'r Tad?

Ioan 1.18.

Colomen. Am mai ef yw bywyd, a dirgelwch, a doethineb, ac anwylyd a chyntaf a diwaethaf, a phennaf ei Dad (fel y mae calon mewn dyn). Ac nid oes yn ei galon ef ond ewyllys da tuag at bawb, heb ewyllysio fod neb yn golledig. Er hynny, pan wnelo dyn ddrwg yn erbyn Duw mae fo yn barod i feddwl yn ddrwg ac yn galed am Dduw, ac nid amdano ei hun, fel ped fai'r Goruchaf ar y bai ac nid dyn.

1 Cor.1.24.

Eryr. Er i ti ddywedyd mai da yw Duw, nid wyf i yn credu nad oes dicter ynddo tuag ataf fi.

Colomen. At dy gnawd y mae dicter (a gwir yw hyn). Rhaid i ti adel iddo ddifa dy gnawd, rhag i'th gnawd ti ddifa dy ysbryd, ond at dy

Salm.99.8.

ysbryd nid oes ond cariad. A oes dim tywyllwch yn yr haul, neu eisiau ar berffeithrwydd? A wnaeth Duw niwed i ti erioed? On'd oddi wrtho ef y cefaist ti bob daioni? On'd efe a'th achubodd di oddi wrth lawer perygl? On'd hir y cyd-ddygodd ef â th'di, er i ti boeri dy bechod beunydd yn ei wyneb ef? On'd efe a roddes y byd a'i bobl a'i Fab a'i Fibl o'th flaen di, a llawer rhybudd cariadus i ti? A wyt ti (wedi'r cwbl) yn tybied mai meistr caled yw? Nid yw fo yn ceisio gennyt ti ddim ond y peth sydd dda ar dy les dy hunan. Dywed dithau fel y dywedodd gwraig Manoa: 'Pe buase Duw ar fedr ein lladd ni, ni buase fo yn gwneuthur cymaint drosom ni.' Nid amser yw hi yr awron i ddigalonni. Wele, mae'r dydd yn codi yn ddisglair, a'r seintiau yn gweiddi Haleliwia, a'r pechaduriaid yn deffroi, a'r anifeiliaid drwg yn rhedeg i'w llochesau, a'r blodau yn tarddu, a'r haf mawr yn agos. Cyfod tithau i fyny yn galonnog; 'roedd gan Dduw feddwl da atat ti pan ordeinie ef i ti gael byw yn y fath amser â hwn. Ni wyddost ti nad oes gan Dduw ddefnydd mawr mewn cariad i'w wneuthur â th'di yn dy genhedlaeth. Gwir yw y mynnai Diafol i ti feddwl yn ddrwg am Dduw (ei fod yn dy gasáu di), fel y mae fo ei hunan. Ond cofia i Dduw gymryd gafael, nid ar natur angylion ond ar natur dynion, yn had Abraham ac nid yn had Lwsiffer. Dywed ti yn dy galon: 'Drwy nerth Crist tra fyddwyf byw, mi feddylia'n dda am Dduw. Er iddo fy lladd i, mi a lynaf wrth ei draed ef.' Ac os daw meddwl i mewn (fel pellen danllyd) oddi wrth ddiafol, tafl hi yn fuan allan eilwaith at ei thad, ac yno nid dy eiddot ti ond eiddo'r gelyn yw'r fath feddyliau diffaith â'r rheini. Nid yw Satan ond fel ceiliagwydd; gwrthwyneba fo yn dy galon, ac fe a ddianc oddi wrthyt. Swm dy holl ddled ti yw meddwl yn dda am Dduw, ac yn ddrwg am dy feddwl dy hunan,

Job 36.23.

Ex.34.6,7.

Barn.13.23.

Heb.2.16.

Job 13.15.

Iago 4.7.

canys daioni yw ef, a nyth drygioni wyt tithau.
Gwna hyn nes i ti garu Duw yn annwyl ddigon,
a'th gasáu dy hunan yn anghymodlon fel y dylit.

Eryr. Ond yr wyf i yn clywed beunydd ryw
sŵn ynof, mai cyfiawn yw Duw, mai cyfyng yw'r
porth nefol, mai colledig yw'r rhan fwyaf, mai
aml yw y rhagrithwyr, mai anaml yw addolwyr y
Tad, mai taer yw'r gelyn, mai diarfog yw dyn,
mai mynych y cwympais i fy hunan, mai digymar
yw fy mhechod, ac mai cant i un y ca'i fyth fod
yn gadwedig.

Colomen. Dyma'r ateb. Wele mae'r drws i'r
Eseia 65.1,2. bywyd yn agored eto. Na fydd ddiofal. Di elli eto
fyned i mewn i'r plas gogoneddus tragwyddol.
Mae gwaedd oddi wrth Dduw drwy'r holl wlad
Math.11.28. yn gwahadd pawb i mewn, er trymed yw eu
pechodau ac er amled fu eu cwympiau. A phan
ddelych yn dy ewyllys i mewn at Dduw, fe a rydd
Eff.6. i ti arfau i ymladd â'r sarff, ac a'th wna di yn
daer i dynnu i lawr wrychoedd gardd y cythraul
ynot ti ac yn y byd. Ac fe a ddysg i ti addoli'r Tad
Ioan 4.24. ei hunan yn ei ysbryd a'i wirionedd ei hunan,
drwy garthu allan y rhagrith a'r ffalsfeddwl, ac
yna di gei wybod dy fod ti mewn cyflwr cad-
wedig, wedi myned drwy'r porth i mewn i gyf-
Rhuf.3. iawnder Duw, 'rhwn sydd eiddo pob un ar sy'n
nefol gredu Efengyl Duw. Canys nid o ddyn ond
o Dduw y mae iechydwriaeth.

Eryr. Mae hyn yn gysurus iawn, ond er
hynny mae rhyw beth o'r tu fewn yn fy lladd i.
Beth a wna un colledig? A oes dim help iddo?

Hos.6.1. Colomen. Rhaid yw dy ladd di cyn dy iach-
áu, a'th golli cyn dy gael. Ac fel y daeth Imanwel
o uchder nef i waelod uffern, felly ei swydd ef
yw codi llawer o waelod gwae i uchder gwynfyd.
Mi adwaenwn un y daeth diafol ato, gan
ddywedyd, 'Colledig wyt.' Yntau a atebodd,
'Gwir yw hynny. Ond (ebr ef) gwir yw hyn

hefyd;' ddyfod Crist i gadw'r colledig.' Dal dy
afael ar yr edau honno. Fe gostiodd i Grist ei
fywyd i nyddu hi i gadw dy fywyd ti. Carwr
pechaduriaid pennaf yw'r Arglwydd Goruchaf. Marc 2.17.
Ac os coch fel sgarlat yw dy bechodau, efe a'i
gwna yn wynnach na'r eira. Mae ei Ysbryd ef Eseia 1.18.
megis sebon y golchyddion yn carthu allan y Mal.3.
llwgr dyfnaf. Ac fel y mae'r Mab yn rhad, felly
mae'r ysbryd hwnnw yn rhad hefyd. Gofyn ac di Salm.51.12.
a'i cei. Hwn a esyd yr olaf yn gyntaf a'r bryntaf
yn lanaf. Hwn a gymer wiail newyddion i'th Luc 11.13.
geryddu di (yn dy gydwybod) allan ohonot dy
hunan. Ni fyn ef i ti fod yn un o'r bastardiaid,
ond yn un o wir hiliogaeth Duw; ac er mwyn
hynny mae fe yn dy geryddu. Ac er cynted Heb.12.
unwaith y gwelych di waelod uffern dy galon dy
hun, ac uchder cariad Duw, a rhyfeddodau
Paradwys, a chanfod beth wyt ti, beth a fuost ti,
a beth a fyddi di byth, ie, meddaf, pan ymglyw-
ech unwaith ag eli ac olew serch mwynaidd y
Duw tragwyddol yn iacháu briwiau'r galon a'r
gydwybod, yna di weiddi allan 'Haleliwia! Salm.147.3.
moliant Duw a leinw'r hollfyd; pwy sydd debyg
iddo? Iddo fo bo'r moliant. Duw a doddodd fy
nghalon galed i, ac a'm dysgodd i yn siriol i ganu
iddo gyda'i holl seintiau mewn ysbryd a nerth:
"Duw a'm carodd, Duw a'm cofiodd — ceisiodd,
cafodd, cadwodd, cododd; haul fy mywyd drwy Salm.40.
farwolaeth; ffynnon fy ysbryd, swm fy hiraeth; 2,3.
gwreiddyn byd, a Phen angylion; Tad fy Arg-
lwydd, carwr dynion; ac ohono, drwyddo, iddo,
mae pob peth: pwy all ei chwilio?"' Ond pan
fych di llawenaf fel hyn ym mharadwys Duw, Salm.2.11.
yno gochel fwyaf rhag i'r Sarff genfigennus 1 Pedr 5.8.
ddyfod atat a dywedyd wrthyt: 'Di elli yr awron
fod yn ddiofal. Mae pob peth yn dda. Gollwng i
mewn dy chwantau cyfreithlon naturiol ynot i
ymgymysgu â'r deisyfiadau nefol, ac wrth hynny
(medd y Sarff) di gei'r ddau ynghyd.'

Salm.30.6,7.
Hos.2.
Iago 4.4.

Ond dyma'r gwir: wrth hynny di golli'r ysbryd pur a'r Golomen, ac yn ei le fe ddaw'r Gigfran i mewn, a'r llu o feddyliau duon amheus, anfodlon, tymhestlog, ac yno 'rwyt ti yn cwympo oddi wrth dy gariad a'th briod cyntaf, ac megis yn colli dy fywyd a'th oleuni annwyl, ac yn puteinio yn dy feddwl gydag ysbryd mawr y byd hwn, yr hwn hefyd sydd yn chwennych dy enaid tithau i'w feddiant. Ni bu ddyn anllad erioed yn chwennych morwyn brydferth cymaint ag y mae ysbryd y byd hwn yn chwantu dy enaid di, canys

Iago 4.4.

fe ŵyr bywyd naturiaeth i Dduw wneuthur dy ysbryd di ar ei lun ei hun, i fod yn forwyn iddo ei hun, ac na ddylit ti ymlygru gydag un cread-

Heb.6.

ur. Ac am hynny, os cefaist ti unwaith flas ar air Duw, gochel ei golli, a mynd yn butain yn dy feddwl i chwantau diafol, a'r cnawd brwnt, a'r byd byr yma.

Eryr. Ond beth os cwympa dyn oddi wrth y gofal a'r hiraeth a'r cariad cyntaf? A oes dim gobaith o hwnnw?

Colomen. Coded hwnnw yn fuan. Cofied

Hos.2.7.
Esec.16.

mai gwell yw bod ym mreichiau Mab Duw nag ymdrybaeddu yn y cnawd. Gochel galedu dy gydwybod wrth ei mynych dwymo a'i hoeri. Mae dy reswm di (O ddyn galwedig) fel neuadd wedi

Luc 11.24.

ei hysgubo a'i threfnu a'i goleuo: gwylia rhag i saith ysbryd naturiaeth lygredig ddyfod i mewn

2 Pedr 2.20.

eilwaith, rhag i'r diwedd fod yn waeth na'r dechrau. Drwg ac erchyll yw dechreuad pechadur wrth ei eni i'r byd, ond mae diwedd rhai yn waeth wrth eu geni o'r byd. O cymer ofal rhag i'th gannwyll ddiffodd ar y ddaear, rhag na bo

Salm.13.3.
1 Cor.16.13.

goleuni ynot i ddangos i ti ba le yr ei di wrth farw. Ond bydd wrol; cynydda mewn gwybodaeth a gostyngeiddrwydd a hyfdra gyda Duw.

Dat.2.25.

Dal y daioni a gefaist. Gad i'r hedyn mwstard hedeg a thyfu ynot. Cadw allan y drwg, a gwaedda

Llyfr y Tri Aderyn

am help, a'r Achubwr a nesâ atat. Cofia weision Duw gynt. Er amled oedd eu gwendid yr oedd eu meistr yn rhoi enwau parchedig arnynt, sef Noa berffaith, Abraham ffyddlon, Lot gyfiawn, Job ddioddefgar, Dafydd llun calon Duw, Jona y proffwyd, a Moses addfwyn (yr hwn pan ddigiodd seithwaith fe a bechodd unwaith). Am hynny, ymdaro di yn lew â'r gelyn yn nerth yr Oen. Cymer gleddyf llym angau Crist i ddarnio'r Sarff, ac i ladd yr hen ddyn ynot. Os cwympaist, cyfod: ac os codaist, gochel gwympo. Nid rhaid i ti ymgadw rhag dim ond rhag y pechod, yr hwn yw gelyn Duw, a gefel diafol, drwy'r hon y mae fo yn cymryd gafael ar y meddwl.

Eryr. Adolwg, dangos i mi yn eglurach pa beth yw pechod.

Colomen. Pechod yw troseddiad y gyfraith, amhuredd y creadur, croesineb naturiaeth yn erbyn Duw, gwrthwynebrwydd i'w ewyllys sanctaidd ef. Pechod yw pan fo'r meddwl yn chwilio am fodlonrwydd lle nid yw i'w gael. Rhaid yw deall mai drwy bechod Adda y torrwyd naturiaeth yn ddarnau, ac mae Duw drwy'r darnau hyn (sef drwy bob peth) yn bod. A'r pechod yw ceisio dedwyddwch yn y darnau hyn ond nid yn Nuw. Mae'r dyn glwth yn chwilio am y daioni mewn bwyd, a'r meddw mewn diod, a'r balch mewn dillad neu ddoniau'r meddwl. Hefyd mae'r gwryw a'r fenyw yn tybied fod y perffeithrwydd yn y naill y llall, ac yn mynd drwy fryntni (o flaen wyneb golau Duw) i'w geisio, ond yn lle ei gael yn cwympo ill dau i ffau y cythreuliaid. Canys nid mewn un creadur, nac yn yr holl greadwriaeth, y mae'r trysor a'r blodeuyn daioni. Mae'r wybren, a'r ddaear, a'r môr yn llefaru, 'Nid yw ynom ni.' Mae'r defnyddiau, a'r dyfnderau, ie ac amser hefyd, yn dywedyd, 'Nid yw ynom ninnau.' Di elli gael y rhain heb

1 Ioan 3.4.

Eseia 55.2.

Luc 15.16.
Phil. 3.19.

Job 28.

gael daioni, er ei fod ef yn ymguddio drwy'r cwbl ym mhreswyliwr tragwyddoldeb. Mae chwantau'r meddwl fel saethau, pob un ar sy'n mynd heibio i Dduw, pechod yw: O mor aneirif yw'r rheini! Ac ni all dyn ond pechu tra fo ef yn aros yng nghanghennau naturiaeth, hynny yw yn llygadrythu ar y naill beth ar ôl y llall, heb ddychwelyd i'r undeb, yr hwn yw Duw ei hun. A chymaint o ddyn ag sydd yn ysbryd Duw, cymaint â hynny sydd heb pechu. Ac yn fynych mae Salm.51.6. enaid dyn yn pechu pan fo ei ysbryd ef yn ymgadw yn bur.

Eryr. 'Roeddwn i gynne yn barod i ffeintio, ond yr awron mae ynof beth nerth (a chefn a chalon) i ymofyn ymhellach cyn ymadel. Adolwg dangos beth yw y rhagoriaeth rhwng yr enaid a'r ysbryd yn yr un dyn?

Colomen. Ysbryd dyn yw'r trysor mawr, a'r enaid sydd megis llong i'w ddwyn o'r naill i'r llall. Ysbryd dyn yw'r castell, a'r enaid sydd fel tref o'i amgylch. Yr ysbryd yw cynhwyllyn y meddyliau, a'r enaid yw plysgyn y rheswm oddi allan: yr ysbryd (medd yr Ysgrythur) yw'r mêr, a meddyliau'r enaid yw'r cymalau. Ysbryd dyn Heb.4.12. yw gwreiddyn y pren, a rhesymau'r enaid yw'r 1 Thes. canghennau. Mae enaid ym mhob peth byw, a 5.23. math ar ddeall gan anifail, ond nid oes ysbryd anfarwol mewn dim ond mewn dynion ac angylion. Yr enaid y mae dyn yn ei lun ei hun yn ei genhedlu, ond Duw yw Tad (ac nid Taid) yr ysbryd. Yr enaid rhesymol yw hwylbren dyn, ond yr ysbryd yw llyw y llong. Weithiau mae ysbryd dyn yn rhodio (fel Diana) allan yn rhodfeydd yr enaid, ac yno mae gwynt ysbryd y Luc 15.17. byd hwn yn ei gipio: ond mae ysbryd dyn naturiol yn wastad allan ohono ei hun fel y mab afradlon nes dychwelyd, yn cael ei ddwyn yng nghertEff.2.2,3. wyn y cythrel, ac yn dilyn ei chwibaniad ef yn y cnawd. Mae'r ysbryd fel tŷ Lot, a'r enaid yn cnawd fel heol Sodom. Ac fel y mae rhagoriaeth rhwng anadl dyn a'i feddwl, felly y mae rhwng yr enaid a'r ysbryd. Yr ysbryd yw neuadd yr enaid, a'r enaid yw porth yr ysbryd. Dyma'r ysbryd (yn angau'r corff) sydd yn esgyn i fyny at gadair preswyliwr tragwyddoldeb, pan fo enaid anifail yn disgyn i lawr, canys gwaed yw. Preg.3.21.

Deall hyn hefyd, wneuthur o Dduw ddyn ym merion pob creadur (megis cynhwyllyn y byd mawr). Fe anadlodd Duw o'i enau ei hun ei anadl ynddo iddo, a hwnnw a bery byth. Ei ysbryd naturiol sydd drwy gyd-gynulliad y ffurfafen, a'i gorff o'r pedwar defnydd. Mae dyn Duw yn gyfrannog â'r sêr mewn tegwch, â'r planhigion mewn tyfiant ac â'r anifail mewn synhwyrau cnawdol (y rhai yw'r enaid naturiol): yn gyfrannog hefyd â'r angylion mewn deall tragwyddol, ac â Christ yn y natur nefol. Na chymer di mo'th dwyllo gan dwyllwyr yr oes hon, ac na fydd ddierth i ti dy hun. Salm.139.

Di weli ynot dy hun ddau fath ar feddyliau. Rhai dyfnion cuddiedig pwrpasol dewisedig annwyl (fel aur yn y meddwl). Mae rhai eraill yn gweu i mewn ac allan drwy'r meddwl, fel dynion mewn llety, ond nid ydynt yn aros ynddo. Di weli hefyd fod y naill feddwl ynot yn gwrthod y llall, a'th fod ti yn meddwl llawer peth yn erbyn dy ewyllys. Gwybydd gan hynny, agor dy lygaid a gwêl, mai gwreiddyn yr ewyllys yw dy ysbryd, ac mai'r llall yw cyfraith dy aelodau. Mae'r enaid yn y byd yma yn sefyll yn y corff, a'r ysbryd yn llechu yn yr enaid. Pawb sy'n gweled corff dyn, a llawer sy'n canfod ysgogiadau yr enaid, ond ychydig yn dirnad yr ysbryd dirgelaf, sef gwaelod y galon. Ni wêl neb hwnnw ond ysbryd Duw, yr hwn sydd yn chwilio pawb. Ymhellach: fel mai'r corff yw cysgod yr enaid, a'r enaid yr ysbryd, felly di elli weled fel y mae dy ysbryd di yn bwrw'r holl ymporion (yr holl feddyliau naturiol) fel gwagedd a gorthrymder ysbryd i breseb yr enaid, a'r enaid yn bwrw yr ymborth corfforol i hopran y corff. Mae tair nef yn gweithio ar dair rhan dyn: yr isaf ar ein cyrff (fel y gwelwn beunydd), y ganol ar ein heneidiau, a'r uchaf ar ein hysbrydoedd. Yn yr ysbryd enaid a chorff yr ymddangosodd Duw, ac y pechodd dyn, ac y dioddefodd Crist. Mae rhinweddau dyn naturiol yn ei enaid, a'i bechodau yn ei ysbryd; mae rhinweddau dyn ysbrydol yn ei ysbryd, a'i bechodau yn unig yn ei enaid. Y sawl ni adwaeno ei enaid a'i ysbryd ni ddeall na'i feddyliau'r dydd, na'i freuddwydion y nos. Pam y mae rhyfeloedd mewn seintiau oddi fewn? Am fod y dref a'r castell yma yn saethu at ei gilydd. Pam y mae ymrysonau ymysg ffyddloniaid? Am fod enaid y naill yn ymosod yn erbyn ysbryd y llall; canys yr un yw eu hysbryd hwynt oll yn Nuw, ond ni chytuna eu heneidiau naturiol â'i gilydd. A hefyd llawer dyn sydd yn newynu ei ysbryd wrth besgi ei enaid â rheswm dynol. Mae tair rhan dyn yn ymddangos fel plant a gweision ac anifeiliaid Job, neu yn debyg i dri mab Noa a'u gwragedd. Neu fel tri phlentyn yn y ffwrn, a Mab Duw yn bedwerydd. Neu fel cyntedd y deml, a'r lle sanctaidd, a'r lle sancteiddiolaf. Cofia dithau mai'r tri hyn yw dy dyddyn a'th etifeddiaeth di; ac mae'r Ysgrythur Lân yn sôn yn helaeth ac yn fynych am enaid ac ysbryd a chorff, er nad oes fawr eto yn deall hyn. A'r rhai sydd yn canfod ychydig lewyrch, ni chaniataed iddynt mo'i draethu mewn iaith ddynol, canys dyfnder anfeidrol yw; prin y ganwyd yr amser yn yr hon y datguddir hyn. Ond disgwyl di yn ostyngedig am Dduw, ac di gei weled rhyfeddodau tragywyddol ei gariad ef, a bydd ddiolchgar am ychydig oleuni.

Job 38.33.

Eryr. Ond mae arna'i ofn ysbryd Anghrist, rhag i mi dderbyn gau athrawiaeth ac angel y tywyllwch yn rhith angel y goleuni; mae llawer dysgeidiaeth ddwfn ddierth ddyrys yr awron nad wyf i yn ei deall.

Colomen. Hawdd i blentyn y dydd adnabod Anghrist (blaidd y nos), fel y dywedais i o'r blaen, wrth ei lais, a'i liw, a'i ddillad, a thuedd ei fywyd. Mae fo yn newid gwisg yn fynych ac yn dyfod yn rhith gostyngeiddrwydd, a dysgeidiaeth a goleuni newydd, yn cymryd arno bruddder neu lawenydd, a sêl i losgi'r cnawd ac i fyw yn ysbrydol, ac er hynny Hunan yw swm ei holl grefydd ef, ei ewyllys ei Hunan a wna, a'i feddwl ei Hunan a fyn, a'i synnwyr ei Hunan a'i harwain. Mae'n hawdd dy adnabod di (O Sarff dorchog dwyllodrus) er dy fod ti yn nyddu dy edau yn llawer meinach nag o'r blaen. 'Rwyt ti yn ymffrostio mewn rhinwedd a chrefydd ac opiniynau o'r gwirionedd; 'rwyt ti yn sôn am ysgrythur ac awdurdod Duw, ond yr wyt ti yn byw mewn anghariad a chenfigen, mewn hyfdra cnawdol (yn barnu llawer cyn clywed barn Duw amdanat dy hunan), yn rhyfela, yn lladd, yn llosgi, yn lladrata dan rith duwioldeb, yn difetha'r defaid fel llwynoges ac yn dianc i'th ffau, yn llechu yn dy synnwyr dy hun, ac yn gwnïo dail i guddio dy noethni. Wele llais y Goruchaf a'th ddychryna, a disgleirdeb ei ddyfodiad a'th ddifetha. A'r sawl a addolo Dduw ei hun a ddianc rhagot ti. Math.7.16. 2 Cor.11. 2Cor.10.12. Dat.13. Math.7.3. Jer.7.4. Salm.29.9. Preg.7.26.

Eryr. Ond beth a wna un sydd yn tybied yn ei galon nad yw ei holl grefydd ef hyd yn hyn ond oferedd cnawdol, a phennod rhagrithiwr?

Colomen. Dechrau o newydd, a chymer dy gyfrif fel plentyn bach. Anghofia yr hyn sydd o'r tu'n ôl, er na wyddost nad oes gras Duw yn yr hyn a wnaethost. Oblegid yr un deyrnas sydd yn Phil.3.13.

gyntaf yn yr eginyn, ac yno yn y dwysen, ac yn olaf yn ŷd llawn yn y dwysen. Na farned neb ddydd pethau bychain rhag i fawr farn Duw gwympo arno. Di fuost mewn cystudd meddwl yn ysbryd caethiwed mynydd Seinai, ac ar y bryn myglyd erchyll hwnnw yr wyt ti eto mewn rhan, ond mae'r troed arall ar fynydd Seion. Cofia fod cariad Duw yn bwrw allan ofn fel y taflodd Sara Hagar allan. Mae cariad Duw yn toddi calonnau rhai yn llawer cynt na'i ddigofaint. Gochel iau y caethiwed. Ai un o'r Hagareniaid a fyddi di yn dy ddiwedd? Fe ddyle fod ynot feddwl sobr siriol diolchgar hyfryd gweddaidd diniwed yn wastad. Nid wynepryd sarrug, sur, cymylog. Ond wynepryd angel doeth diwyd distaw digymysg. Ac oni buost felly, edrych a gwêl. Mae'r pren mawr yn blodeuo ynot ti ac eraill. Bydd felly o hyn allan.

Eryr.   Er hyn i gyd, mi dybygwn nad wyt ti weithiau yn ateb ond yn dywyll ac yn brin, a bod llawer o'r peth a ddywedaist ti i'w roi heibio cyn nemor o amser.

Colomen.   Cofia hyn (O Eryr), fod yr holl ymddiddan yma a fu rhyngom ni fel llyfr corn, neu A.B.C. i blentyn; ond mae amser a lle i bob peth, ac mae yn rhaid rhoi llin ar lin a gorchymyn ar orchymyn i'r anneallus, a dysgu i'r baban Grist Groes (yr hon ni ddeallodd nemor mewn nerth eto). Er hynny di weli pa fath waith a wna'r Goruchaf wrth ysgogiad deilen. Fe alle drwy hyn y gweithia fo lawer yng nghalonnau rhai. Ond mae llawer dirgelwch i'w ddangos ar fyrder nad wyf i yr awron yn fawr sôn amdano. Ac meddaf, nid yw hyn i gyd ond golygiad mewn drych ar frys, neu rosyn yn gwywo wrth ei arogli. Nid yw llyfrau a llythrennau ond fel gwellt: mae'r bywyd yn yr ysbryd nid yn y llythyren. A'r sawl sydd ysbrydol a ŵyr oddi wrth ba ysbryd y daeth y pethau hyn, ac nid gwatwarwr yw. Ond gochel di, pwy bynnag wyt (er doethed meddant neu er duwioled), esgeuluso dan dy berygl y peth a ysgrifennir yma, neu ddarllen yn ddifraw, a'i fwrw i gornel i rydu yn dy erbyn, heb ei ddeall hyd y gwaelod, canys mewn rhyw fannau mae dyfnion bethau Duw yn ymddangos, ac mewn eraill mae llaeth, ac megis chwaryddiaeth hefyd, i'r rhai bychain. Ac weithiau 'rw'i'n adrodd yr un peth yn fynych drosto.

Eryr. Ond mae llawer o'r dysgedigion nad oes ganddynt fawr bris (dybygwn i) am y pethau hyn.

Colomen. Taw sôn o'r diwedd. Nid oes ŵr o ddysg yn y byd, nac oes un, a fedr ddarllen holl ddalennau ei galon a'i feddyliau ei hun. Nid yw'r doctor ond anifail cyfrwys, nid yw'r ysgolhaig da (fel y gelwi di fo) ond aderyn coeg, oni bydd rhodd o'r nefoedd ganddo. Ac os bydd, mae fo yn isel ei feddwl, ac yn llesáu pawb mewn cariad, ac yn byw yn gyfion ac yn sobr ac yn dduwiol. Mae gwir ddysg yn dysgu dyn i fod, yn y byd yma, yn ddiniwed fel plentyn, yn fuddiol fel dafad, yn ddiofal am y byd (fel un yn huno ym mynwes y creawdr), yn effro yn erbyn pechod, yn ddiwyd yn ei orchwyl, yn ddigenfigen oddi fewn, yn llawenhau yn naioni eraill, yn llonydd dan waethaf dynion, yn ddioddefgar dan ddigofaint Duw, yn fodlon beth bynnag a ddigwyddo, yn nefol fel Crist ei hunan, yn hyfryd mewn tristwch, yn galonnog mewn cyfyngder, yn hy fel y llew, yn wirion fel colomen, yn gyfrwys er mwyn yr Efengyl, yn ffiaidd ganddo ei hun, yn blino ar flodau natur, ac yn brefu am Baradwys. Ac lle nad yw'r pethau hyn, nid oes yno ddim gwir ddysgeidiaeth.

Eseia 44.25.
Jer.8.8.

Tit.2.

96 Llyfr y Tri Aderyn

Eryr. Ond beth oni ddysgais i yr un o'r rhain eto?

Colomen. Mi ddywedais o'r blaen fod Duw yn danfon ei holl blant ei hun allan o'u tai eu hunain i ysgol ei Fab. A'r sawl a ymroddo i'r Mab yn ei holl ewyllys a gaiff ei wneuthur yn ddysgedig am deyrnas nef, a chlywed llais yn siarad oddi fewn: 'Dyma'r ffordd, rhodia ynddi.'

Eseia 30.21. Cyfod, medd Jeremi, i ti arwyddion ffordd. Gosod it garneddau uchel i'th gyfarwyddo yn yr anialwch. Un garnedd yw Gwybodaeth, ac lle ni bo'r garnedd honno mae'r dynion yn cyfeiliorni, canys heb wybodaeth ni all y galon fod yn iawn. Fe all fod gwybodaeth heb ras (fel tanwydd heb dân) ond nid oes dân heb danwydd. Carnedd arall yw Cariad at bawb. Lle y bo hwnnw mae Duw yno, ac lle y bo mae fo yn awyddus i wellhau pawb, ac yn ofalus rhag niweidio neb. Carnedd arall yw Gostyngeiddrwydd ac ister meddwl llonydd, dioddefgar, distaw; a'r cyfryw a gânt eu dysgu gan Dduw ei hun. Cyfiawnder yw carnedd arall, a heddwch oddi wrth gyfiawnder, ac oddi wrth heddwch llawenydd mewn

Rhuf.14. ysbryd glân. A'r sawl a wasanaetho Grist yn y
17,18. pethau hyn a fodlona Dduw ac fydd cymeradwy ym mysg ei blant. Dyma rai o'r carneddi yn y mynydd i'th arwain i Ganaan. Edrych ar y pilerau hyn ynot a dos ymlaen, a chofia nad digon i ddyn fyned i ffordd dda, oni ŵyr ef mai honno yw'r ffordd orau. Bydd ddistaw oddi fewn, di gei ddeall pob peth oddi allan. Na symud

Num.10. chwaith nes codi o'r cwmwl. Hawdd yw diwno'r ffordd fawr wrth geisio ei mendio. Aros ym mhebyll Duw nes adeiladu plas Caersalem newydd. Tanbaid yw sêl heb wybodaeth, ond cariad addfwyn golau sydd hyfryd.

Eryr. Dywed eto: beth a dybygi di am holl opiniynau a chrefyddau y Twrciaid, a'r Papistiaid, a'r Protestaniaid, a'r Lwtheraniaid, a'r Calfinistiaid, a'r aneirif eraill o secti yn yr oes yma? Mi addewais hefyd i'r Gigfran ofyn i ti, cyn diwedd, ynghylch y llyfr gwasanaeth.

Colomen. Na sonia am lawer o grefyddau. Hen a newydd, a phob un yn barnu ei gilydd. Nid oes un grefydd a dâl ddim ond y creadur newydd. Ac nid oes ond un drws i mewn yno, a hwnnw yw'r ailenedigaeth yn enw Crist. Fe fuase dda i'r dyn nis caffo hi fod wedi ei eni yn gi neu yn gath, neu yn rhyw beth heb ysbryd anfarwol ynddo. Gal.6.15. Ioan 3.3.
Swm duwioldeb yw, 'Câr Dduw â'th holl galon, a'th gymydog fel ti dy hun.' Y dyn nad yw yn dilyn hyn, ni waeth o ba opiniwn y bo. A'r sawl a dybio iddo fedru hyn yn rhugl, nid edwyn hwnnw mo wreiddyn y chwerwedd sydd yng ngardd ei galon ei hun. Ond ei dwyllo ei hunan y mae. Mae'r opiniynwyr yn ymrafaelio â'i gilydd fel cŵn a moch, er nad fel cŵn a moch yw y rhan orau ynddynt, a thithe (O ddyn cyfrwysddrwg segurllyd) uwchben uffern yn chwerthin am eu pennau, wrth eu gweled yn taro yn erbyn ei gilydd yn yr entri dywyll, am eu bod heb na gweled na deall iaith ei gilydd. Ond o hyn allan, gadewch ymaith yr holl ymryson tanbaid, anghariadus, rhyfelog, na wnaeth dda i neb erioed. A thewch â sôn rhag i'r cythreuliaid chwerthin, oni fedrwch chwi ymresymu mewn cariad ac addfwynder, a meddwl i ddysgu llawer mewn ychydig eiriau bob un gan ei gilydd, a'r cwbl gan Dduw. Ac am y llyfr gwasanaeth, ni thâl ef fawr sôn amdano. Mae hi yn llawn bryd i'w gladdu, rhag i neb gael drwg oddi wrtho. Yr hen bethau a ânt heibio. Wele, fe wneir pob peth o newydd.

Eryr. Oni allaf i gael gwybod i ba le mae'r holl eneidiau yn myned pan ymadawont â'r bywyd yma? Pan elont hwy unwaith ymaith nid ydym ni yn clywed dim oddi wrthynt hwy ond hynny. A aethant hwy ymhell neu yn agos neu ym mha le y maent hwy?

Colomen. O Eryr angraff! I ba le mae'r gannwyll yn myned pan ddiffodd hi ond i'w hwybren danllyd naturiol ei hun? Neu i ba le mae'r tân a'r gwres o'r haearn poeth yn myned allan wrth ei roi mewn dwfr? Nid drwy'r genau y mae ysbryd dyn yn mynd allan o'r tŷ pridd, ac nid drwy'r genau y daeth yr enaid i mewn i'r corff ar y cyntaf: canys peth pur bywiog cyflym yw ysbryd meddwl dyn, yn treiddio drwy bob corff heb symud na chynhyrfu dim. O chwi rai deillion, agorwch eich llygaid a gwelwch fod ysbryd pob un (wrth dorri o'r corff) yn aros yn y naturiaeth yn yr hon y bu fo byw. Os llygredig oedd y meddyliau, llygredigaeth tragwyddol yw ei lety. Mae naturiaeth cariad neu ddicter tragwyddol yn cynnwys ei holl blant ynddi, ac yn cipio gafael (fel fflam ar wêr) ar bob ysbryd yn ôl ei anian. Ond ni wêl dyn mo'i gartref tra fo ei gnawd amdano; mae dynion (meddaf) fel adar yn canu ar y pren heb feddwl am y gwreiddyn sydd ynddynt. Mae'r eneidiau sanctaidd a hunasont yn Nuw yn llonydd yn y golau distaw ym mhob man o flaen ei wyneb ef, o'r tu allan i drwst ysbryd y byd, yn disgwyl am gynhyrfiad y corff drwy gyffroad gwreiddyn naturiaeth. Ond mae'r ysbrydoedd colledig, wedi torri edau y bywyd, yn nhywyllwch meddwl dicllonedd Duw, yn rhuo ac yn ochain, ond nid yw'r byd yn eu clywed. Pam hynny? Am nad oes ganddynt hwy yn uffern mo'r llais tafod i lefaru, na chan y rhan fwyaf ohonom ni glustiau ysbrydol i wrando, sef calonnau i'w hystyrio er eu bod nhwy yn yr un natur â ni. Ond mae'r ffyddloniaid yma yn gwybod iaith y seintiau yn y byd arall, ac yn canu yr un Haleliwia i Dduw gyda

Gen.25.8.

hwynt, nid yn gweddïo arnynt am fyned at Grist
drostynt, canys mae fo ei hun yn nes atynt na
seintiau neu angylion. Ond am y defaid a'r geifr
yn y goleuni a'r tywyllwch, cofia fod gagendor   Luc 16.26.
fawr rhyngddynt (fel rhwng Lazarus a'r glwth
goludog), a honno yw y rhagoriaeth yn y natur-
iaeth dragwyddol. Fel rhwng melys a chwerw,
neu rhwng da a drwg, y rhai, er eu bod yn yr un
lle, maent wedi eu gwahanu yn ddigymod.
A phan gwympo ysbryd dyn o'r corff i'r tywyll-
wch hwnnw, nid oes ganddo lygaid byth i weled
y goleuni, na meddyliau byth am ddaioni. Ac, o'r
tu arall, y rhai sydd wedi dianc i'r goleuni
hwnnw, nid oes fyth ganddynt feddwl am y tyw-
yllwch. Am hynny, edryched pob dyn ym mha
un o'r ddau y mae ei feddwl ef yn byw tra fo ef
yn y corff, canys ni ŵyr y colledig mo'i hanes
ei hun.

Eryr.   O Golomen, mi fyddaf mor hy yr
awron cyn diwedd â gofyn i ti dy hanes dy hun,
sef Hanes y Golomen.

Colomen.   Mi ddywedais i ti ar y cyntaf ond
ni ddeellaist. Rhaid yw torri plisgyn y ddameg
cyn cael y cynhwyllyn, er bod yr Ysgrythurau
Sanctaidd hefyd yn llawn damhegion. Ar y
cyntaf, mi fûm yn Enoch yn ymryson â'r hen
fyd, ond nid oedd neb a'm derbyniodd ond Noa
annwyl a'i deulu. Wedi hynny mi ddeuthum at
Abraham, ac yn y fan fe daflodd ymaith ei
reswm ei hun ac a'm dilynodd i drwy ffydd. Mi
fûm yn ffenestri yr holl Batrieirch a'r Proffwydi
hefyd. Ac ar ôl y Proffwyd Malachi ni chefais i
fawr le i ddisgyn nes dyfod Ioan. Ond mi orff-
wysais ar Iesu Grist a'i Apostolion, ac mi a ehed-
ais drwy'r eglwysydd hynny. Ond cyn ymadel
ohonynt hwy â'r byd, fe ddaeth Brân y nos (sef
ysbryd Anghrist) ac a gafodd gennad i'm herlid
i. Ac yno mi a ddihengais i fynwes y merthyron,

ac yn y tân yr oeddwn i yn eu cysuro hwynt. Ond yn ddiweddar mi ddisgynnais yn ffenestri yr eglwysydd newyddion, ac weithiau ar rai o'u pregethwyr, er bod llawer o fudreddi yn eu nythoedd. Ac yr awron, mae'n weddus bod yn brysur, canys fe ofynnir, 'Pwy yw y rhain sydd fel cymylau ac fel colomennod yn ehedeg i'w ffenestri?'

Eseia 60.8.

Eryr.   Ond pa fath rai y mynnit ti i'th ddynion di fod?

Colomen.   Nid fel y genhedlaeth sydd yn melltithio'r Tad, a heb fendithio eu mam, neu yn lân yn eu golwg eu hun ac yn amherffaith yng ngolwg Duw. Nid fel y genhedlaeth sydd uchel eu llygaid, a'u dannedd yn gleddyfau, a'u cilddannedd yn gyllyll, i ddifa'r tlodion oddi ar y ddaear. Ond mi fynnaf i'm disgyblion i fod fel y morgrug yn darparu eu lluniaeth cyn bod yn rhywyr, ac fel cwningod yn adeiladu ar y graig, ac fel locustiaid yn cytuno i ymdrech ynghyd, ac fel y pryf copyn gwael yn dal eu gafel ar air y bywyd, fel y gallont felly aros ym mhlas y Brenin nefol. A'r rhai hyn a wneir mor ddiddig na all dim eu cyffroi, mor isel na all dim eu balchïo, mor hyfryd na all dim eu tristáu, mor sobr na all dim eu ffoli, mor ddiflin na all dim eu cloffi, mor bur na all dim eu halogi, mor rhagorol na all neb fynd tu hwnt iddynt, mor ddwys na all dim gloddio danynt, mor sylfaenedig na ellir eu siglo, mor blantaidd na ellir eu cyfrwyso, mor agored na ellir eu cau, mor weddaidd na chaiff neb gamair ganddynt, mor isel na ddichon un gwynt mo'u hysgwyd, mor uchel na all un meddwl naturiol mo'u cyrraedd, mor gyfrwys â'r seirff, ac mor wirion â'r colomennod. Ac ymhellach, mae rhai ohonynt a allant ddywedyd (drwy ras) eu bod nhwy yn marw i'r byd yma, ac er hynny yn byw byth; yn llai na dim ynddynt eu

Diar.30. 11,12.

Diar.30. 24,25.

hunain ac yn fwy na'r byd yn eu gwreiddyn; ar y dibyn beunydd, ac er hynny yn sefyll; heb wybod dim ynddynt eu hunain ac yn deall pob peth yn Nuw; yn llawn tristwch, ond yn mwynhau cannwyll llawenydd digymar; yn ymdaflu mewn tonnau, ond yn sicr wrth yr angor; yn gwrando ar bawb heb gredu un dyn, ond yn chwilio pob peth; yn edrych ar y canghennau, ond yn byw yn y gwreiddyn; yn rhodio yn heol y byd yn yr enaid, ond yn ymgadw ym mhlas Duw yn yr ysbryd; yn llafurio yn wastadol, ac er hynny yn gorffwys yn ddistaw ar y ddaear, ac er hynny yn dystion i'r gwir; yn llawn o feddyliau ac megis heb feddwl am ddim; yn cael cas gan bob cnawd a chariad gan bob ysbryd da; yn ymdrech â'r holl gythreuliaid ac yn ymgaredigo ag angylion Duw; yn clywed mwy o lais y byd nag a garant, a llai o leferydd y Tad nag a fynnent; yn chwilio gwaelod crefydd ac yn ymddangos ar yr wyneb yn ddiragrith mewn daioni; yn ymbriodi â Doethineb Duw ond eto heb ei mwynhau yn hollol. Ac er amled eu pechodau, yn dyner eu cydwybodau; yn waeth na'r gwaethaf yn eu golwg eu hunain, ac yn gystal â'r gorau ym mantell yr Oen; ac yn debyg i'r gwynt anolrheinadwy, ydynt yr hyn ydynt drwy ffafr y Goruchaf. O, bydd un ohonynt.

Eryr. Mae'r rhain wedi myned ymhell. Ond dangos i mi pa beth y mae'r gwan yn eu mysg yn ei ddywedyd.

Colomen. Mae gweiniaid, yn sicr, ymysg ffyddloniaid, fel y mae ŵyn ymysg defaid, a thosturus yw gwrando ar frefiad y gwan yn llefaru ac yn traethu: 'Wrth naturiaeth marw oeddwn, a phan welais i hynny mi a geisiais fyw, ond nis gallwn nes i bob peth ynof ac o'm hamgylch farw i mi, ac yno y collodd y creadur ei afael arnaf, a'r munud hwnnw y cefais afael ar y

Creawdr, neu yn hytrach Efe a ymaflodd ynof fi. O'r blaen, mi a glywais bregethau ond nid oeddwn i yn gwrando. Mi ddywedais weddïau ond nid oeddwn i yn gweddïo. Mi genais Salmau ond mud oedd fy nghalon. Mi sacramentais ond ni welais gorff yr Arglwydd. Mi ymddiddenais ac a ddywedais lawer peth nid o'm calon mewn gwirionedd, nes i'r rhosyn darddu ynof. Ac wedi'r holl gynnwrf, rhaid oedd diwedd o'r diwedd cyn dechrau, a marw cyn i'r wenhithen dyfu drwy fy naear i. Fe fywhaodd y pechod ac a'm lladdodd i; 'roedd Duw wedi digio ac yn gwgu yng nghadair fy nghydwybod, a diafol yn gwenu ac yn chwerthin am fy mhen i, ac yn gweiddi o'r tu fewn: "Ho ho! myfi piau'r aderyn. Mae fo'n siŵr yn y fagl. Mae ei feddwl ef mewn tair o gadwyni heyrn, yn ffast yn ei ewyllys ei hunan, ac yn ysbryd y byd mawr, ac yn nigofaint y brenin mawr gyda m'fi." Mi ofnais hefyd na ellid byth dorri mo'r tair cadwyn hynny i'm gollwng i yn rhydd. Heblaw hyn, hefyd, fe ddaeth bytheiaid Satan ar fy ôl i .dan olrhain: gwatwarwyr y wlad a'm gwawdiasont. A phan welodd yr Heliwr nad oedd gennyf fater beth a ddywede'r byd a'i fytheiaid, fe gynhyrfodd blant y deyrnas, a rhai (megis) o blant y Brenin, i'm ceryddu, i'm digalonni, i'm rhwystro, ac i'm hoeri. Pan ballodd hyn hefyd, fe ddeffrôdd y gelyn holl wreiddiau uffern o'r tu fewn i mi fy hunan, i fod yn ddicllon, yn aflan, yn greulon, yn benwyllt, ac yn llawn o wreichion drwg, yn fydol, yn sarrug, yn suddo, yn oferfeddwl; ac yno'r oedd yn flin gennyf fyw ac yn ofnus gennyf farw, am nad oedd bechod yn y dyn gwaethaf ag a welwn nad oedd ef yn ceisio codi ei ben i fyny yn fy nghalon i. 'Roedd y nef wedi ymadel, ac uffern yn nesáu, angylion duw yn ymddieithro, a delwau anifeilaidd yn ymddangos. 'Roeddwn i yn gweled fy mod i wedi cwympo

ymysg lladron ysbrydol anhrugarog rhwng
Caersalem a Jericho, ac yn ceisio gweiddi am
help ond yn methu gweddïo, nes i'r Samaritan
bendigedig, sef yr Achubwr nefol, ddyfod ataf
a'm codi i fyny. A hyn oll yr wyf yn ei ddywedyd
er dy fwyn di, fel os doi dithau byth i'r gwasgfeydd yma am y pechod, na ymollwng mewn
anobaith a thristwch bydol, ac nac ymgura fel
dafad yn y mieri, ond disgwyl yn llonydd wrth
fin y ffordd. Fe ddaw'r Prynwr heibio, ac a'th
ollwng di yn rhydd. Ac onid e, os derfydd
amdanat, darfydded amdanat yn ei freichiau ef
wrth ddisgwyl wrth ei air a'i addewid ef. Ond os
dilyni hyn byw fyddi, yn ysbryd y nerth, a'r
cariad, a'r pwyll. 'Roedd yn fy nghalon i ysgrifennu atat i'th rybuddio mewn cariad perffaith,
ond fe ddaeth y Sarff ataf fi ac a geisiodd atal y
pin yma. Hi a boerodd ei chelwydd tuag ataf
wrth sisial fel hyn: "Hunan sy'n dy osod ar
waith. 'Rwyt ti yn sgrifennu yn rhy dywyll, ni
fedr neb mo'th ddeall nes i'th niwl di godi, ac nid
wyt ti yn dy ddeall dy hunan. Gad yn llonydd,
mae digon o wybodaeth gan ddynion, bei
gwnaent ar ei hôl. Mae gormod o lyfrau yn
barod yn y byd. Dy holl wobr fydd cael dy adel
fel tylluan yn y diffeithwch, fel pelican, ie fel
hurtyn neu un o'r philosophyddion gweigion yn
ymofyn am oleuni naturiaeth i adnabod y Duwdod yng nghreaduriaeth y byd. A welaist ti yr
Arglwydd erioed, neu a glywaist ti Dduw ei
hunan? Dos i ryw dwll ac ymguddia. Mae dydd
Duw wedi goleuo. Gorau i ti dewi, a gadel
ymaith sgrifennu. Gad bawb yn llonydd a'th
gydwybod dy hun yn esmwyth. Bydd lawen.
Bwyta dy fwyd â chalon iach. Rhodia a chymer
dy bleser fel y gweli di bawb agos yn gwneuthur,
ac yna fe estynnir dy ddyddiau di ar y ddaear."
Wele llyma fel y chwedleuodd y ddraig gyfrwys
â m'fi, llyma fel y ceisiodd hi fy nhwyllo i. Llyma

fel y gwnaeth hi ei gwaethaf i rwystro'r meddwl, i selio fy ngenau ac i atal fy llaw. A phei cawse y Sarff ei meddwl, ni chawswn i nac ysgrifennu hyn na thithau na'i ddarllen na'i wrando. Ond fe ddaeth y Golomen ac a'm helpodd, ac a'm cynorthwyodd gan ddywedyd: "Dos ymlaen. Rhaid i bob gwas arfer ei dalent (er a ddyweto dynion), ac onid e, gwae'r gwas. Nid Hunan sydd yma yn dy gymell, ond gwir serch at Dduw, a chariad ffyddlon (yn nesaf) at y Cymry. Nid wyt ti nac eraill nes er gwario ohonot dy amser byr mewn anghrediniaeth a diffrwythdra. Ac fe gaiff rhai ganfod dealltwriaeth allan o'r niwl a'r tywyllwch.

Eseia 29.18. Ie, er nad yw dy gnawd di yn deall beth y mae'r Ysbryd Glân ynot yn ei ysgrifennu, mae rhan ysbrydol a'i cenfydd. Nid oes chwaith fawr lyfrau Cymreig yng Nghymru er pan losgwyd papurau y Brytaniaid gynt. Ac (medd Duw) fy mhobl i yng Nghymru a ddifethir o eisiau gwybodaeth; ac amdanat ti dy hun, nid gwaeth pa

Hos. 4.6. amarch a gaffech yn y cnawd. Di haeddaist i Dduw dy wrthod, a'th adael mewn anialwch tragywyddol, ond ni ad Duw byth mohonot. Ac er nad Duw yw naturiaeth, ac er na ellir ei adnabod drwy Philosophyddiaeth, eto ni wnaeth ef mo'r byd yma yn ofer ond fe a'i gosododd fel drych i weled ei gysgod ef ynddo. Dydi hefyd (ebr y Golomen) a welaist Dduw ei hunan, drwy ffydd, ac a glywaist ei lais ef ei hunan drwy'r ysbryd sydd yn llefaru wrth ddynion. Ac er bod rhan o'th amgylch mor annheilwng â'r gwaethaf, mae er hynny y dyn oddi fewn heb bechu, a chantho law ym mhob daioni, yn ceisio lles i bawb. Ac wrthyt ti (O had anllygredig a llin yn mygu) yr wyf yn dywedyd eilwaith, cyfod, a dos ymlaen yn ostyngedig, yn ofalus, yn ddioed, ac yn ddiolchgar." Fel hyn y darfu i'r Golomen ateb holl resymau'r Sarff, a datroi y rhaff a nyddase hi yn y meddwl.' Wele (O Eryr) dyma ran o lais un o'r

Llyfr y Tri Aderyn

rhai llesgaf o'm dilynwyr i. Dyma ychydig o lawer.

Eryr. Beth hefyd?

Colomen. Mae un ymhellach yn llefaru fel hyn: 'Byr yw fy helynt i o'r dechrau i'r diwedd. Fy einioes sydd fel afon chwyrn yn rhedeg i'r môr. Fe a'm ganwyd ymysg creigiau, fe a'm magwyd mewn opiniynau, fe a'm maglwyd dros amserau, fe a'm rhyddhawyd mewn amser cymeradwy, fe a'm carwyd cyn dechrau amser, a minnau byth a gaf garu yr hwn a'm carodd, a'i lawn hoffi pan fo amser wedi terfynu. Canys yr wyf dan gariad Duw er fy mod dan gerydd pawb, gwael yn y tir, llwyd gan môr, llawn o brofedigaethau, ond llawen mewn gobaith gogoniant nefol. Yn y cyfamser yn rhodio mewn maes ysbrydol, ymysg defaid, ac yn rhybuddio'r geifr na thorrant eu gyddfau. A gymer rybudd, cymered. Fy nhasg i yw bod yn ddiniwed ymysg dynion. Ac oni alla'i les i bawb, gochelyd gwneuthur afles i neb, a cheisio byw allan o Hunan, yn yr Ysbryd Glân, ar Grist, i Dduw, yn ôl yr ysgrythurau, eto dan ordinhadau, uwchlaw'r byd, islaw'r groes, yn erbyn pechod, ac ar du sancteiddrwydd, ym mynwes craig yr oesoedd, yn blino ar gwrs naturiaeth, yn brefu am y ffynnon nefol, ac yn gweddïo ar i Dduw roddi heddwch nefol a llawnder gwirionedd i'r Cymry tirion, i'w porthi â gwybodaeth ac â deall ysbrydol, ac i'w llenwi â holl lawnder Duw, ac ar i minnau gael cyfran o'r rhandir nefol ymysg y rhai cywir mewn duwioldeb, ac ar i'r amser frysio pan na bo rhyfel yn unlle ond ym mhyrth Satan a'i angylion (a hynny a welaf). Jabes a weddïodd, a Duw a'i gwrandawodd. Fe ofynnodd bedwar peth ac a'u cafodd. Disgwyl yr wyf finnau ar y Duw dinewidiad, yr hwn a ddichon wneuthur mwy nag a allwn ei ofyn na'i feddwl.

Jer.3.15.
Eff.3.19.
1 Cron.4.10.
Eff.3.20.

Iddo ef y bo'r glod a'r mawredd a'r doethineb a'r diolch a'r deyrnas a'r cariad a'r cwbl yn dragywyddol.'

Eryr. Mae'r amser yn dylifo fel pellen ymaith. Rhodded y Golomen un gair o gyngor eto i'r Eryr cyn ymadel.

Colomen. Deall a dilyn yr hyn a glywaist yn barod. Canlyn y llusern a roddwyd i ti. Gochel wyau'r Neidr a'r Gigfran yn dy resymau dy Hunan. Na reoled ysbryd y creadur ynot, canys y sawl a ymlenwo â'r creadur sydd wag fynychaf o'r Creawdr. Na chais fod yn llawn meddyliau. Gwell yw un meddwl difrif nefol mewn diwrnod na phum cant o rai disglair naturiol. Mynn ddifa dy arglwydd bechod oddi fewn, a'r lleill a ymroant. Ac wrth hyn y cei di adnabod y pechod hwnnw. Fe reolodd yn dy hynafiaid. Mae dy feddyliau dithau nos a bore yn hedeg ato (fel brain uwchben burgyn). Pechod yw am yr hwn y mae dy gydwybod yn dy gyhuddo, a'th elynion yn dy gywilyddio, a'th wir-gyfeillion yn dy rybuddio. Gochel hwnnw (yn anad un), beth bynnag yw. Cofia ym mhob cwmni dy fod ti ar dy daith tua'r byd bythol, ac ystyria gwymp yr Adda cyntaf a chodiad yr Ail. Cwympaist yn ddiamau gyda'r cyntaf: cyfod heb amau gyda'r Ail hefyd. Na dderbyn un athrawiaeth cyn ei chanfod. Na wrthod un gair cyn ei holi, ac na chwyda oddi wrthyt mo'r gwirionedd a dderbyniaist unwaith. Na choelia mo sŵn y wlad, ond gwrando beth a ddywed Duw wrth dy enaid anfarwol di. Onid oes ynot waelod pob gwybodaeth a rhinwedd, ni elli di wneuthur y pethau hyn. Ond os oes, bydd ysbrydol ddi-sigl yn dy feddyliau, nid fel ton y môr, neu ewyn y dwfr, neu bren diwraidd mewn tymestl, neu long heb angor, neu us anwadal. Bydd anaml mewn geiriau, ac aml mewn gweithredoedd nefol gorchestol. Ac wrth ddywedyd, cofia mai mewn llawer o eiriau nid oes ball ar bechod; ac er hynny na fydd fudan (canys gwefusau'r cyfiawn a borthant lawer). Wrth geisio derbyn mwy o'r Ysbryd Da, gochel rhag i'r Un Drwg ruthro i mewn yn ei fantell ef. Mae rhai lloerig a rhai dieflig, a'r gelyn yn marchogaeth ar sug ac ar humors eu cyrff nhwy; mudion a byddariaid yn malu ewyn, yn llygatynnu ac yn synnu'r gwirion. Mae eraill fel y Bedyddiwr, yn dyfod heb na bwyta nac yfed, ac meddant: 'Wele gythraul ganddo.' Ond rhaid i ti brofi yr ysbrydoedd. Ac lle y bo (meddaf) oleuni a phurdeb a chariad a gostyngeiddrwydd, yno y mae Duw ei Hunan yn aros. Gochel y ffyrdd Pabaidd hefyd, nid am nad oes ddysgeidiaeth yn eu mysg ond am mai creulon fuont wrth bawb eraill; am hynny tywelltir ffiolau dialedd ar y genhedlaeth honno. Na ddotia wrth feddwl am lawer o opiniynau tra fych di dy hun yn gwneuthur llawer peth yn erbyn dy gydwybod. Gwna (O Eryr) dy orau i rwystro pob drwg, ac i rwyddo pob da yn y wlad oddi fewn ac oddi allan. Na chwsg ond hynny yn nhomen y cnawd (O swyddog). Pryn dy amser. Na ad i'r syrthni, a'r ymborthi diofn, a'r balchder, a'r oferedd, lyncu dy einioes di a'th deulu. Canys y peth a basio unwaith, ni elli mo'i alw yn ôl. Gorchymyn heddwch a threfn dda (od oes awdurdod gennyt yn y wlad), O ustus. Na ad i'th gymydogion fyw fel anifeiliaid direswm. Cosba bawb ar a weithredo ddrwg yn erbyn ei gydwybod fel y dywedaist di dy hun o'r blaen. Nid digon dywedyd heb wneuthur. Ac os cais neb gelu ei oleuni, ymresyma ag ef yn ofn Duw. Dyma'r ddamnedigaeth, fod dynion yn caru'r tywyllwch yn fwy na'r goleuni ynddynt, ac yn mynd felly yn yrroedd i'r lladdfa. Caffed pob drwgweithred gennyt y gosb a haedda. Na ddyger bywyd dyn am anifail. Bydd dadmaeth i ddaioni ymysg

Diar.10. 19,21.

Math.17.15.

Math.11.18.

1 Tim.4. 1,2.

Dat.16.6.

Gen.10.9.

pawb, ac nid fel Nimrod yn lladd ac yn llyncu y cwbl ei hunan. Na chais chwaith ystwytho cydwybod neb i'th opiniwn di drwy rym, ond drwy reswm, a chadw heddwch i bob un i ddywedyd ei feddwl, os heddychlon yw. Mae opiniynau'r cyndyn mor aml â'u dyddiau, ac mor anwadal â'u llygaid. Mae llawer o groes ffyrdd yn llawn lladron hyd yn hyn ym mhedair congl y ddaear. Os troi di oddi ar y ffordd, di a gwympi i'w dwylo nhwy. Am hynny gochel meddaf, fel dyma'r dyddiau diwaethaf dyrysaf peryclaf. Dy waith di yw dy wadu dy hun, dyrchafu Mab Duw, caru pob dyn, casáu pob pechod, ymnythu yn Nuw yn unig. Disgwyl yn arafaidd am ei bleser ef, ymestyn ymlaen at y perlau tragywyddol, cadw gynhwyllyn dealltwriaeth y seintiau o'r blaen. Gochel ffluwch o wybodaeth yn y pen heb nerth yn y galon a phurdeb yn y bywyd. Ac edrych am Ddydd y Farn bob munud, a chais heddwch, a châr wirionedd, a gwir Dduw'r dangneddyf a'r goleuni a fydd gyda th'di ac ynot ti. Ond onis gwnei yn ôl fy nghyngor i, ond gwrthod ohonot wrando ar fy llais, wele sgerbwd drewllyd a fyddi di yn y wlad, a charcharwr anesmwyth yn y pwll diwaelod, heb gael byth newid dy big. Ond (O Eryr adenog) mi debygwn dy fod ti yn addfed i ddaioni; am hynny, fy nymuniad yw ar i tithau hefyd ehedeg dros dair sir ar ddeg Cymru, a dywedyd wrthynt ym mhob tref a phentref, ym mhob llan a threflan, ym mhob cymydogaeth a theulu, wrth bob un o ganghennau Adda, hen ac ifanc: 'Edifarhewch! Mae teyrnas y Brenin mawr yn agos. Na chwedleuwch oferedd y naill a'i gymydog mwy. Ymrowch i ddisgwyl am ymddangosiad y Duw mawr â'r holl galon mewn bwriad nerthol i ddychwelyd ato yn ei allu ei hun. Cedwch y gwir Sabaoth oddi fewn ac oddi allan. A Duw'r drugaredd a ddisgleirio arnoch chwi o'r uchelder.'

Eryr. O Golomen, mi wrandewais arnat yn ddistaw fel y dyle'r mwyaf ar y lleiaf, ac mae fy meddwl i yn ddiolchgar am y cwbl, ac am dy holl gynghorion caredig. Mi a roddaf i tithau air cyn ymadel. Cadw ar yr aden yn wastad, canys mi wn fod llawer aderyn du mewn cenfigen yn chwennych cael gafel arnat. Pe bai yn rhaid mi ddywedwn, gochel ddisgyn i lawr i garu'r ddaearen; gochel hedeg allan o olwg yr Arch. Ond mae Un yn dy ddysgu di, nid rhaid i mi mo'th gynghori di ymhellach.

Colomen. Nid ydys eto ond trydar, fe geir llais arall ar ôl y chwe diwrnod. Na edryched neb am synnwyr yn ôl dysgeidiaeth y byd oddi wrth Golomen wirion. Nid wyf i yn meddwl drwg i neb; am hynny, na ymddigied neb (nac ymflined neb i bigo tyllau yn y llyfran hwn). Swm yr hyn a ddywedais yw dirgelwch yr ailenedigaeth yn y dwfr a'r tân ysbrydol. Dyma ddigon (meddaf) i'r doeth, a dyma ormod i'r cyfrwys.

Eryr. Mae gennyf lawer o gwestiynau caledion eraill i'w gofyn, ond ni a'u gadawn nhwy dan glo nes cael yr agoriad a'r odfa nesaf (os rhoddir hi i ni). Melys fydd gan rai ddarllen ein hymddiddanion ni, ond chwerw fydd iddynt eu carcharu a'u gwawdio. Ac mi wn mai gwir a ddywedodd Solomon. Y gwatwarwr a gais synnwyr ac nis caiff, ond hawdd yw i'r deallus ddeall. Y pechadur a ddibrisia yr hyn ni ddeall, ac a wnaiff yn erbyn yr hyn a ŵyr. Nid yw nes er cael hyn i'w dŷ oni bydd oddi fewn. Ond mae'r geiriau a ddywedaist ti wrthyf fi fel mêl yn fy ngenau i, beth bynnag a ddêl yn nesaf. Ni a adawn hynny i ddyfod, ac yn y cyfamser ni a gydehedwn ynghylch yr Arch, yr hon a achubodd weddillion dynion. Gorau i'r plentyn fod gyda'i rieni ac i ddyn fod gyda Duw. Disgwyliwn wrtho. Gwnaed a fynno. Ond gwrando acw.

Diar.14.6.
Jwd.10.

Mi glywaf adar eraill yn ymresymu. Ai gorau i ni fyned i wrando arnynt?

Colomen. Gwrandawed pawb ar y llais cywir ond na reded ar ôl cysgodau. A gwna dithau, O Eryr, yr hyn sydd ynot fel y dylit ei wneuthur. Amen. Ac felly ffarwel.

ATODIAD

Darnau wedi eu codi o *Mercurius Teutonicus* Boehme

There is a very great mystery in the Ark of Noah, which the Lord commanded him to build after that manner and showed him how high, how long, and how broad it should be, and directed also that it should have three several stories; also concerning the creatures that he should bring into it, which is such a Mystery that the malicious wicked man is not worthy to know, and we also shall not mention it in the ground (or the depth) of its meaning, for it hath its time wherein it shall be opened, that is, in the Lilly time, when Babel hath its end. But yet to set down somewhat for a furtherance to our fellow branches, who shall break forth and grow out of our Ens of this Lilly in its time (which also shall be a Rose in the Lilly-time), we will set it down in an hidden exposition.

* * * *

The potent, and might of the World, would build the Ark (viz. the service and worship of God) upon their heart and reason, with great stone-houses and churches; and these houses thus built up of stone should be their God, whom they would serve in the Ark; and they would wage war for the houses of stone of their own contriving, and framing; and would contend about the figure of the true Ark ... Christ is the Ark, and not the contrived heaps of stone ... We must bear the Ark of Christ upon us, and have the temple of the Ark in us.

* * * *

And Moses saith further: 'After fourteen days when the Ark rested, Noah sent forth a Raven to see whether the water was abated; but the Raven flew to and fro till the waters were dryed up from off the earth.' The Raven denotes the earthly man, and shows how he would first put forth himself upon the Mount Ararat (that is, in selfness, and fleshly lust) and build up his Kingdom in the Second Monarch (or world).

And albeit he truly came forth out of the Ark, yet he would only fly to and again in the Kingdom of his self, and not enter again into the Ark, whence he had his rise in Adam; and would only be a covetous muckworm, and a greedy devourer of fleshly temporal pleasure in his own will, and remain as the Raven, and not return to the Ark, desiring to enter into it, but mind only to possess the Kingdom of this world in glory. Also it betokens that the generation of this Raven would have the chief place, prominence, and government in the Second Monarchy (like the Devil in the Wrath of God), as Histories witness that it came to pass.

*   *   *   *

Afterward Noah sent forth a Dove from him, to see whether the waters were abated from the face of the earth. But when the Dove found no rest for the sole of her foot, she returned again unto him unto the Ark; and he put forth his hands and took her to him into the Ark. This denotes the figure of God's children, who soon after come also under the government of the Raven's Property, and are brought into the government of this world. For they are also with Adam gone forth out of the Ark, to behold and prove this evil corrupt world, and live therein. But when their spirit can find no rest in the earthly dominion, then they come again before the Ark of Noah, which is set open in Christ, and Noah receiveth them again in Christ into the first Ark, whence Adam departed.